Sri Nisargadatta Maharaj
in tiefster Verehrung

„... Was genau soll ich tun?"

„Tun? Tun? Absolut nichts. Sehen Sie lediglich das Vergängliche als vergänglich, das Unwirkliche als unwirklich, das Falsche als falsch, und Sie werden Ihre wahre Natur erkennen."

*[Sri Nisargadatta Maharaj]**

Mein ganz besonderer Dank gilt all denen, die mich bei der Entstehung dieses Buches so tatkräftig unterstützt haben.

* Pointers

Anhang

Vorwort

Meine Freunde sagen, ich sei der totale e-Mail-Freak. Und sie werden wohl Recht haben. Denn wäre ich das nicht, wäre ich nie über Hermann R. Lehner gestolpert.

Ich kann mich noch gut daran erinnern, wie viel seine ersten Briefe in mir bewegten. Und daraus erwuchs Vertrauen, so viel Vertrauen, dass ich mich bereits wenige Wochen später auf den Weg zu ihm machte. Zu einem mir immer noch wildfremden Menschen, von dem ich nicht einmal wusste, wie er aussah.

Am Vorabend meiner Abreise trug er mir auf, folgende Sätze von *Ashtavakra* auszudrucken:

„Wer sich selbst für frei hält, ist in der Tat frei.
Wer sich gefangen glaubt, bleibt gefangen.
Was man denkt, das wird man."

Den Ausdruck sollte ich auf der Fahrt gut sichtbar im Auto platzieren und versuchen, den Ausspruch wie einen Koan, ein nicht mit dem Verstand lösbares Rätsel, zu entschlüsseln. Auch wenn ich den tieferen Sinn dieses Vorschlages beim besten Willen nicht verstehen konnte, druckte ich die Sätze dennoch in Riesenlettern aus und befestigte sie an der Sonnenblende. Natürlich erntete ich auf der Fahrt immer wieder verwunderte Blicke: „Warum rast eine alleinfahrende Frau bei strömenden Regen mit heruntergeklappter Sonnenblende über die Autobahn?", wird sich so mancher Autofahrer gefragt haben, und: „Warum schimpft sie wild gestikulierend vor sich hin?"

Weil ich mich ärgerte! Über eine Strecke von fast 700 Kilometern habe ich versucht, mir einen Reim auf *Ashtavakras* Worte zu machen. Immer wieder glaubte ich, eine Antwort gefunden zu haben, musste aber – wenn ich sie dann hinterfragte – jedes Mal aufs Neue feststellen, dass auch sie nicht hundertprozentig schlüssig war. Also das Ganze noch Mal von vorn – und noch Mal und noch Mal, bis ich das Gefühl hatte, dass Rauchschwaden aus meinem Kopf aufsteigen.

Schließlich wurde ich sogar richtig wütend auf Hermann, denn er hatte mir obendrein auch noch aufgetragen, mich bei der Auseinandersetzung mit *Ashtavakras* Worten durch nichts ablenken zu lassen. Kein Radio also. Und keine Musikkassetten. „Dieser Idiot!", fluchte ich, während mein Finger über dem Einschaltknopf des Autoradios schwebte. „Was denkt der sich eigentlich dabei, mir solch einen Schwachsinn zuzumuten? Schließlich muss ich mich aufs Autofahren konzentrieren. Und überhaupt: Noch nicht einmal den Verkehrsfunk bekomme ich mit!" Dennoch kam ich der „ON"-Taste des Radios nie näher als bis auf einen Millimeter Abstand. Betätigt habe ich sie nicht ein einziges Mal.

Was während dieser Fahrt genau in mir passierte, ich weiß es bis heute nicht. Ich kann allenfalls vermuten, dass ich mich „weich gekocht" hatte. Zum einen durch die Beschäftigung mit *Ashtavakras* Worten, die meinen Verstand mürbe gemacht hatten. Weich gekocht aber auch, weil ich trotz Unverständnis und mitunter sogar Wut einfach nur dem gefolgt war, was Hermann mir geraten hatte. Im Nachhinein kommt es mir so vor, als wäre diese verrückte Fahrt nach Bayern eine geradezu ideale Vorbereitung auf die Zeit gewesen, die mir bevorstand. Denn mir war schon im Vorfeld klar, dass sie alles andere als ein Spaziergang werden würde. Kein Urlaub also und auch keine Erholung.

Nein, ich war unterwegs, um mir all meine Konzepte und Vorstellungen – mein Weltbild also – zerstören zu lassen.

Je näher ich dem verschlafenen Örtchen in Niederbayern kam, desto mehr breitete sich ein flaues Gefühl in meiner Magengegend aus. Und als ich schließlich das Ortseingangsschild passierte, war mir richtig schlecht. Ich fragte mich, warum um alles in der Welt ich mir das überhaupt antat. War ich denn noch gescheit? Wie schön hätte ich es doch zuhause gehabt. Stattdessen hatte ich mich stundenlang bei strömendem Regen über Autobahnen und kurvige Landstraßen gequält. Und das alles nur, um einen Mann zu besuchen, den ich noch nie im Leben gesehen hatte! Einen Mann, den ich nur per e-Mail kannte! Und als Redakteurin, die ständig Mails von Autoren bekam, wusste ich doch eigentlich, was für Rindviecher sich hinter schönen Worten verbergen können.

Am liebsten wäre ich umgekehrt. Zurück zu meiner Familie, wo zwar nicht alles im Reinen, aber wenigstens vertraut war. Doch trotz aller Bedenken fand ich mich irgendwann vor Hermanns Haustür wieder.

Und da stand er vor mir: Lebensgroß, echt … und so gar nicht, wie ich gedacht hatte. All meine Vorstellungen, ob über sein Äußeres, sein Verhalten, sein Wesen, seine Art – sie alle waren falsch. Und so vergingen die ersten beiden Tage, die ich mit Hermann verbrachte, vor allem damit, dass mir meine Konzepte, wie ein „Erleuchteter" auszusehen, zu sein und zu leben hat, gründlich um die Ohren flogen.

Denn Hermann war (und ist) so dermaßen menschlich, dass ich beim besten Willen keinen Thron finden konnte, auf den ich ihn hätte setzen können. Und er machte auch noch „Fehler"! Nur interessierten die ihn gar nicht. Er benutzt die Mikrowelle, obwohl doch heute fast jeder weiß, dass dadurch die Lebensmittel gentechnisch verändert werden. Und dann isst er auch noch Fleisch, ohne an seinen Cholesterinspiegel zu denken. Raucht wie ein Schlot. Und sein Hund James ist zwar überaus lieb, aber erstens stank er, und zweitens war er schlecht erzogen. Das Kalb von Bobtail, das Hermann dann auch noch zärtlich „mein Kleiner“ nannte und herzhaft auf die Schnauze küsste, durfte sogar auf die Couch.

Nein, nein, nein! Irgendetwas war hier falsch, dachte ich – bis ich merkte, dass das Einzige, was „falsch“ war, meine Vorstellungen waren. Vorstellungen, wie es hätte sein sollen. Vorstellungen, wie Hermann sich hätte verhalten sollen. Vorstellungen, wie Hunde erzogen sein sollen. – Und so begann ich ganz, ganz zaghaft, mein Zusammensein mit Hermann und James einfach nur zu beobachten und mich dabei zu fragen, wie es wäre, wenn ich all diese Vorstellungen nicht hätte.

Die Antwort überfiel mich schlagartig: Meine Welt *war* gar nicht „eng“. Ich hatte sie lediglich eng gemacht. Ich hatte mich selbst eingesperrt. Hatte mir ein Gefängnis gebaut mit dicken Mauern, deren Steine meine zahllosen Vorstellungen von gut und böse, von richtig und falsch waren. Und nun wurde mir klar, dass es diese Mauern gar nicht gab. Denn „das Leben“ hatte sie sicherlich nicht gebaut. Ich hatte sie selbst erschaffen. Die Begrenzung, unter der ich mein Leben lang gelitten hatte, entpuppte sich als „hausgemacht“.

Mit einem Mal wurde alles leichter, und ich hatte das Gefühl, erstmals einfach nur *sein* zu dürfen. Ich saß auf der Couch, glücklich darüber, einen Hundekopf auf dem Schoß zu haben, den ich kraulen konnte und stellte staunend fest, dass der Hund auf einmal überhaupt nicht mehr stank. Stattdessen war ich in den folgenden Tagen mehr als einmal dankbar dafür, dass ich meinen Kopf in seinem Fell vergraben durfte.

Denn nun ging es an die Substanz. Jede meiner Überzeugungen wurde in Frage gestellt und damit alles, was ich mein ganzes Leben lang für wahr gehalten hatte. In nächtelangen Gesprächen stürzte eine Mauer nach der anderen ein, die ich um mich errichtet hatte. Unzählige Male wollte ich wieder abreisen, weil ich glaubte, es nicht länger ertragen zu können. Manchmal kochte ich vor Wut, oft weinte ich, doch ich spürte, dass mit jeder zusammenbrechenden Mauer etwas mehr zum Vorschein kam von dem, das ich bis heute nicht beschreiben kann, von dem ich aber weiß, dass ich es *wirklich* bin!

Meine Reise zu Hermann R. Lehner war ein Abenteuer. Und der Austausch mit ihm ist es bis heute geblieben. Deswegen bin ich sicher, dass sich das Lesen dieses Buches für viele ebenfalls zu einem Abenteuer entwickeln wird. Vielleicht werden sie protestieren wie ich, wenn ihre Konzepte auseinander fallen, vielleicht werden sie das Buch wütend zuschlagen, wenn ihnen das entgleitet, woran sie sich immer gehalten haben. Aber sie werden es garantiert auch wieder aufschlagen, wenn sie wissen wollen, wer sie *wirklich* sind.

Christiane Schwarz

Einleitung

„Das einzige 'Erwachen' ist das Wahrnehmen Dessen-Was-Ist."
*[Sri Nisargadatta Maharaj]**

Es war schon ein verdammt langer Weg, den ich gehen musste, um das zu erfahren, was man als die Erkenntnis unserer wahren Natur bezeichnen kann. Eine Serie kleiner telepathischer Ereignisse Ende der Siebziger brachte die Suche ins Rollen, und mir kommt es heute so vor, als ob mir gerade nur so viel Einblick in die Wunder des Lebens gegeben wurde, dass die Suche beginnen konnte.

Während ich mein normales Leben lebte, war die Suche immer vorhanden. Es war die Suche nach etwas, von dem ich lange nicht wusste, um was es ging. Aber sie verfolgte mich wie ein ständiger Schatten. Wann immer ich Zeit hatte – manchmal mehr, manchmal weniger –, suchte ich. Es ist schon erstaunlich, dass ich mich all die Jahre noch nicht einmal gefragt hatte, nach was ich da eigentlich suchte!

Ich studierte alle mögliche Literatur des Westens wie des Ostens. Ich übte mich in verschiedensten Meditationen, reiste nach Japan und besuchte ZEN-Priester, landete bei Sekten und Religionsgruppen und erhielt überall vollmundige Versprechungen und „überzeugende" Argumente über den Sinn und das vermeintliche Ziel meiner Suche. Aber ich bin dabei weder klüger, erleuchteter oder himm-

* Pointers

lischer geworden – höchstens ärmer. Neunzehn Jahre hatte diese „Irrfahrt in Glaubensrichtungen" gedauert! Bis der Ärger, der Überdruss und oft auch die Verzweiflung über die Vergeblichkeit meines Bemühens alles andere überstieg. Und damit auch die Hoffnung hinwegfegte, überhaupt noch etwas finden zu können! Ich konnte also gar nicht anders: Ich musste alles „über Bord" kippen, was ich bis dahin gehört, studiert und geglaubt hatte, und – ich stand wieder „nackt" da. Und stellte mir nur noch die Frage: *„Was suchtest du eigentlich?"*

Ich muss zugeben, ich war äußerst verblüfft, dass ich keine Antwort finden konnte, die mich einigermaßen zufriedengestellt hätte! Alles, was mir bis dahin sinnvoll, wahrscheinlich oder gar richtig erschienen war, erwies sich bei genauerem Hinsehen als illusorisch, oder die Techniken und Praktiken zur Erreichung eines versprochenen Ziels waren für mich undurchführbar, unglaubwürdig oder zweifelhaft. Und so musste ich mir damals eingestehen: Ich stocherte immer nur im Trüben! Ich wusste nicht wirklich, nach was ich suchte! Und trotzdem bohrte es weiter in mir – ich konnte einfach nicht aufhören, zu suchen. Es ging nicht! Irgendetwas trieb mich weiter. Immer weiter.

Heute weiß ich, dass all die, die auf die Suche geschickt werden, einen Impuls aus dem Unbekannten erhalten, und ich weiß auch, dass niemand wirklich in der Lage ist, die Suche aus eigenen Stücken für immer zu beenden. Es ist dieses Unbekannte, dieses *ES*, das dies bewerkstelligt, und es ist auch dieses Unbekannte, das das Zepter bei der Suche in der Hand behält. Niemand kann wirklich wissen, was er da eigentlich sucht, auch wenn manche glauben, sie wüssten es, denn diese Suche *ist* die Suche nach dem Unbekannten, nach unserem wahren Wesen, nach dem, was wir wirklich sind. Und was wir wirklich sind, ist niemals mit dem Verstand, mit dem Denken also, begreifbar. Erst wenn das Denken aufgehört hat, können wir uns selbst erkennen als das, was wir wirklich sind, immer waren und immer sein werden.

Lass es mich humorvoll darstellen:

„Da betet ein Mann seit über zwanzig Jahren täglich, das Unbekannte möge ihm doch seine Wünsche erfüllen. Eines Tages ertönt eine Stimme von oben und sagt: „Ja, dann gib mir halt eine Chance, und hör wenigstens einmal mit dem Denken auf!"

So oder so ähnlich könnte man das Erwachen, die Erleuchtung, die Befreiung oder die Selbst-Verwirklichung in Kurzform darstellen. Es ist letztendlich das Unbekannte, das diese Welt regiert und immer regieren wird, und sobald du dich diesem Unbekannten voll und ganz „hingeben" kannst, gibt es nichts mehr zu wissen, nichts mehr zu tun und nichts mehr anzustreben. Dieses Unbekannte kannst du nie wirklich ergründen, und – du brauchst es auch gar nicht. Sobald du dies in seiner ganzen Tiefe erfasst hast, wird deine Suche zu Ende sein.

Tatsächlich begegnest du dem, was du suchst, jeden Tag. Nur: Du erkennst es nicht. Warum ist das so? Der Kern des Problems liegt in einem Ausspruch, den wir alle nur zu gut kennen: *„Der Mensch denkt, Gott lenkt!"* Gott aber ist eine von uns selbst erschaffene Vorstellung in unserem Verstand – quasi als greifbarer oder verstehbarer Ersatz für das Unbekannte, das Unendliche, das Absolute. Und so macht in der heutigen Zeit dieser Spruch vielleicht mehr Sinn, wenn man ihn so zugespitzt definiert, wie ich es am liebsten tue: *„Das Unbekannte lenkt immer, der Mensch denkt immer umsonst!"*

Letztendlich geht es bei deinem „Erwachen" also um nichts anderes, als um das Beenden jenes Denkens, das der griechische Philosoph Plotin folgendermaßen beschrieben hat:

„Das Denken ist ein Produkt des Strebens.
Das Eine, Göttliche bedarf nicht des Denkens.“
*[Plotin]**

Ich weiß sehr wohl aus eigener Erfahrung, dass das Beenden dieses Denkens eines der schwierigsten Unterfangen im Leben überhaupt ist. Du bist gewöhnlich nicht in der Lage, es zu unterlassen, denn dein Verstand hat nur eine Funktion: Zu denken, was mit dir war, was mit dir ist und was mit dir sein wird. Wenn er damit aufhören würde, käme dies seinem Tod gleich. Und wer bringt sich schon gern selbst um?

Dein „Ich“, das du auch unter dem Begriff „Ego“ kennst, hat einen gewaltigen Lebensdrang, und es ist für dieses „Ich“ unvorstellbar, nicht mehr „leben“ zu dürfen. Das Erwachen, die Erleuchtung oder die Selbst-Verwirklichung bedeutet aber die Auflösung dieses persönlichen „Ich“. Im Christentum wird es mit Jesus symbolisch gekreuzigt, damit wir uns anschließend durch die Erlösung und Auferstehung als „Herr“ wiedererkennen können. Aber keine wörtliche Erklärung kann uns dieses Mysterium – egal, ob westlich, östlich, religiös oder philosophisch dargestellt – vollständig verstehbar machen.

Wir kommen dennoch nicht drum herum: Dein in der Vergangenheit verwurzelter und in die Zukunft denkender, auf dich als Person bezogener Verstand, dein Ego also, muss aufgelöst werden. Betrachten wir unter diesem Gesichtspunkt das, was wir als „Suche“ verstehen, so stoßen wir auf einen verrückten Widerspruch: Im Grunde suchen wir nämlich mit unserem *Denken* eine Lösung, die unseren *Verstand* befriedigen soll – wir wollen ein besseres Leben haben, wir wollen glücklich sein, usw. Aber all das sind Wünsche eines Egos, eines denkenden Verstandes. Erwachen jedoch kann erst geschehen, wenn wir alle

* Enneaden. V, 6, 5

Wünsche, Sorgen und unsere Vorstellungen über uns und die Welt als nicht zu uns gehörig erkannt haben. Erwachen hat unmittelbar nichts mit einem besseren Leben zu tun, es hat nichts mit einem glücklicheren Leben zu tun – ja, all diese Vorstellungen verhindern das Erwachen sogar. Und dennoch tritt mit dem Erwachen genau das ein: Das Leben wird unendlich viel glücklicher, weil sich ein uneingeschränktes Gefühl von Freiheit ausbreitet. Es ist die Freiheit von jenem Denken, das uns ständig mit Zweifeln und Ängsten und Skrupeln überschüttet und damit immerfort Schmerz und Leid zufügt.

Ich bin der Meinung, dass es das Interesse eines jeden Suchenden ist, die Wahrheit, soweit sie in Worte gefasst werden kann, unverblümt und direkt vermittelt zu bekommen. Ich schmeichle daher keinem Ego, das sich so gern in falschen Vorstellungen suhlt, um sich seiner Auflösung entziehen zu können. Es ist für mich kein Akt der Barmherzigkeit, Menschen weiter leiden zu lassen, nur weil ihr Ego sich wehrt. Klar: Die Auflösung des Egos ist durchaus kein Vergnügen, der unendliche Frieden und die grenzenlose Freiheit, die danach folgen, sind dagegen „himmlisch".

Es bedarf letztendlich keiner der traditionellen Erklärungen, Lehren oder Techniken, um zur „Erlösung" zu gelangen. Es kommt vielmehr darauf an, dass wir alles, was wir über uns und die Welt denken, begraben. Und nicht wenige dieser Vorstellungen werden aus den alten Lehren heraus geschürt. Doch sind sie wirklich so unerschütterlich? Für immer und ewig wahr? Durchaus nicht, denn ganze Religionsgebäude, auf die wir uns stützen, basieren darauf, dass Aussagen aus dem Zusammenhang gerissen, verallgemeinert und aus ihren Zeitbezügen herausgelöst wurden.

Und noch etwas wird mir immer klarer: Aus der Selbst-

Verwirklichung ergibt sich nicht zwangsläufig die Begabung zum Lehren. Mein verstorbener Lehrer *Sri Nisargadatta Maharaj* hatte diese Begabung in besonderem Maße. Obwohl ich ihn nie persönlich kennen gelernt habe, hat mich allein das Lesen seiner Worte auf direktem Wege in die Freiheit geführt. Denn in all seinen Äußerungen blieb er direkt und ohne Abweichungen bei der höchsten Wahrheit und ließ damit meinem Ego keine Chance.

„Das falsche Selbst will immer schön gemütlich so weitermachen."

[Sri Nisargadatta Maharaj] [1]

Hören wir also auf damit, gemütlich so weiterzumachen! Dieses Buch ist ein Arbeitsbuch für diejenigen, die bereit sind, sich selbst ins eigene Antlitz zu schauen. Die bereit sind, den illusorischen Charakter dieser Welt und damit auch ihres Lebens gewahr zu werden – allein durch das Hinterfragen all ihrer gewohnten Vorstellungen und Gedankenkonzepte.

„Alles, was ich tun kann, ist Ihnen zu zeigen, dass Sie nicht sind, was sie zu sein glauben."

[Sri Nisargadatta Maharaj] [2]

[1] Ich bin dieses Eine
[2] Pointers

TEIL EINS

SELBST-ERFORSCHUNG

Sieh die Burg aus Sand, die jemand am
Strand erschaffen hat.
Sie hat ihre eigene Form.
Doch die Flut spült sie weg.
Und bei nachfolgender Ebbe
findest du nur noch Sand.
Wo ist die Form hin?
Weg!
Und doch ging nicht ein Sandkorn verloren.

Als Person bist du wie die Sandburg.
Du glaubst, du wärst nur diese
eine, kleine und begrenzte Form.
Doch mit dem „Erwachen“ wird diese
falsche Vorstellung verschwinden.
Und nichts wird verloren gegangen sein.

Nur wer du bis dahin glaubtest zu sein,
wird nicht mehr sein.

1 Was suchst du?

Okay, du bist auf der Suche. Aber weißt du überhaupt, was du da suchst? Vielleicht wirst du jetzt sagen: „Ja, ich weiß es!“ Aber weißt du es wirklich? Vielleicht *glaubst* du ja nur zu wissen! Irgendetwas mag in deinem Leben passiert sein, und nun bist du auf der Suche. Aber auf der Suche nach was?

Die Frage mag vielleicht harmlos erscheinen. Und doch löst sie bei genauerem Untersuchen und Hinterfragen einen Schwall an Zweifeln aus und lässt noch nie gestellte Fragen über uns selbst ins Bewusstsein strömen. Oft folgen ihnen neue Erkenntnisse über den eigenen Zustand und das Weltbild, das man sich geschaffen hat.

Denn: Das, was wir suchen, ist in Wahrheit unser wahres Selbst, und das befindet sich außerhalb unseres Denkvermögens. Deshalb ist es weder mit Worten vollständig erklärbar, noch kann es unser Verstand wirklich ergründen. Und so sind wir nur zu gern bereit, den Aussagen und Versprechungen anderer zu folgen, ganz besonders, wenn uns diese gut verpackt in scheinbarer „Heiligkeit“ oder mit überzeugender, rationaler Logik serviert werden.

Ein typisches Beispiel ist die Vorstellung, wir hätten ein Unterbewusstsein. Wir sind an diese Behauptung der Geisteswissenschaften so gewöhnt, dass wir ganz selbstverständlich annehmen, sie wäre wahr. Und wir beschäftigen uns allzu gerne mit diesem geheimnisvollen Teil von uns, um ihn unter Kontrolle zu halten oder um ihn zu ergründen. Aber gibt es ein Unterbewusstsein wirklich?

Nehmen wir einfach mal an – und das soll jetzt nicht als neue Behauptung, sondern nur als mögliche Annahme verstanden werden –, dass Gedanken einfach aus dem Unendlichen im zeitlosen Jetzt zu uns kämen, dann könntest du dich dein Leben lang mit deinem Unterbewusstsein beschäftigen – es würde nichts dabei herauskommen. Denn jeden Moment würden neue Gedanken aus dem Unendlichen auftauchen, die sich deiner Kontrolle entziehen.

Gerade hier im Westen wird gerne geglaubt, wir könnten uns die Highlights verschiedener spiritueller Richtungen nach Belieben aussuchen, das Unangenehme, Unbequeme oder Unverständliche an ihnen aber jeweils ignorieren. Das aber führt lediglich zu einem wenig hilfreichen „Mischmasch". Denn wir nehmen für gewöhnlich nur das an, was unseren Bedürfnissen – den Bedürfnissen unseres Egos also – am besten gefällt, und die Suche entwickelt sich so zu einem Nachjagen allgemein akzeptierter Vorstellungen, die wiederum dem Ego entspringen.

Dem Suchenden wird es daher kaum erspart bleiben, sich ernsthaft mit sich selbst und dem Grund seiner Suche auseinander zu setzen. Erst dann kann in ihm eine gewisse Sicherheit über seinen ureigenen Weg erwachsen. Er wird vielleicht erkennen, dass er einfach nur das Gedankengut anderer übernommen hat und sich fragen, ob sein momentaner Weg wirklich etwas mit dem innersten Beweggrund seiner Suche zu tun hat.

Normalerweise lässt du nur Gedanken zu, die deinem Weltbild entsprechen. Sie wirken dann wie Filter, die deine Wahrnehmung der Welt färben. Wenn du zum Beispiel tief in dir glaubst, die Welt wäre schlecht, dann wirst du die Welt als schlecht erleben. Denn du lässt nur Gedanken an dich herankommen, die dir genau dies bestätigen. Doch wer hat dir gesagt, dass die Welt schlecht ist? Zu überprüfen, welche Ansichten über unser Leben n unserer eigenen, natürlichen und unmittelbaren Beobachtung erfolgen, sondern durch eingetrichterte und manchmal sogar blind akzeptierte Ansichten anderer, kann alleine schon eine enorm positive und befreiende Veränderung hervorrufen.

Die Frage „Was suchst du?", die Überprüfung der Antwort durch „Suche ich das wirklich?" und die intensive Auseinandersetzung damit könnten für dich zum wichtigsten Grundstein deiner Suche werden. Es ist durchaus denkbar, dass du alleine hierfür Wochen brauchst.

Wer glaubt, er wüsste auf Anhieb alle Antworten, empfehle ich, sie immer wieder auf den Prüfstand zu stellen und vor allem zu untersuchen, ob sie wirklich aus ihm selbst heraus entstanden sind. Stell dir vor, du wärst alleine auf einer einsamen Insel aufgewachsen. Welche Antworten auf deine Fragen hättest du dir dann gegeben? Und welche Fragen wären möglicherweise erst gar nicht entstanden?

Ich werde nun eine Reihe Fragen an dich richten, deren Beantwortung dich zu deiner ureigensten Wahrheit führen soll. Manche Fragen werden an dir vorbeigehen, andere dagegen werden möglicherweise den Kern deiner Probleme treffen. Bitte stelle dich jeder Frage so ehrlich du kannst! Und stelle deine Antwort dann erneut infrage! So lange, bis du sicher bist, dass du deine Wahrheit gefunden hast.

- Funktioniert die Welt nicht immer nach *deinen* Vorstellungen, und willst du sie in den Griff bekommen? Und wenn das so ist: Wer hat dir gesagt, die Welt müsste anders funktionieren, als sie gerade funktioniert? Hat dir gar jemand versichert, du könntest dich oder die Welt ändern, indem du dieses oder jenes tust? Und hat sich die Welt dann wirklich so verändert, wie *du* es wolltest? Vermutlich nicht, denn würdest du sonst noch suchen?

- Hat man dir gesagt, du hättest noch nicht lange oder intensiv genug gebetet, meditiert, oder geglaubt, um dein spirituelles Ziel zu erreichen? Oder hat man dir gesagt, du hättest noch nicht genügend Einweihungen erhalten oder Kurse absolviert? Was erhoffst du dir davon, dein Ziel zu erreichen? Und ist dieses Ziel überhaupt deine eigene Idee? Oder hat dir *erst* jemand den Mund wässrig gemacht, und *dann* hast du daran geglaubt und dein Leben danach ausgerichtet? Was hat es dir bis jetzt gebracht? Bist du tatsächlich weitergekommen?
- Suchst du die Freiheit? Die Freiheit von was? Fühlst du dich eingeengt, klein und hilflos? Willst du davonlaufen, dem Ganzen entfliehen? Und suchst du hierfür nun eine Möglichkeit oder brauchbare Anleitung? Oder hast du das Gefühl, du wärest hier nicht „zuhause" und willst zurück? Zurück wohin? Erinnerst du dich an deine Kindheit? Damals war alles neu und interessant. Lebtest du damals nicht mehr oder weniger glücklich und zufrieden in den Tag hinein? Sehnst du dich vielleicht nach dieser Freiheit oder Geborgenheit zurück? Wenn ja, wodurch könnte sie verloren gegangen sein?
- Suchst du die Befreiung? Befreiung wovon? Was fesselt dich? Bevor dir jemand gesagt hat, du wärest gefangen, hattest du da auch schon das Gefühl, dass du gefangen bist? Oder hattest du nur das Gefühl, dass du einfach lebst – dass du einfach hier bist? Wie war in diesem Fall die wirkliche Reihenfolge?
- Suchst du die Erleuchtung? Was ist Erleuchtung über-

haupt? Drücke es einfach mal in deinen eigenen Worten aus! Kanntest du solche Worte, *bevor* sie dir jemand erzählt hat? Und was war, bevor du sie gehört hast? Dachtest du da überhaupt an Erleuchtung?

- Willst du Höheres wissen oder erfahren? Oder gar Höheres sein oder werden? Was ist Höheres? Hat man dir erzählt, da gäbe es ein „Höheres", und du hast es dann geglaubt? Und nun suchst du es? Aber wo, glaubst du, kannst du es finden? Und wenn du darauf eine Antwort hast: Hast du sie selbst herausgefunden? Oder beruht sie nur auf Hörensagen und Glauben?
- Willst du vielleicht erwachen? Erwachen woraus? Aus einem Traum? Träumst du? Woher weißt du, dass du träumst? Kann denn eine Traumfigur sich selbst als Träumer erkennen, bevor der Traum zu Ende ist? Und wenn du dich als Träumer erkannt hättest: Warum träumst du dann noch? Oder hat man dir nur gesagt, das Leben wäre ein Traum, und du hast es dann geglaubt?
- Vielleicht suchst du auch Gott – oder das Absolute, das Brahman, das Tao etc. Aber was ist Gott? Was ist das Absolute? Was ist das Brahman oder das Tao? Vielleicht hast du eine Erklärung dafür, doch wo kommt die Erklärung her? Wenn dir niemand etwas von Gott erzählt hätte – wärest du überhaupt auf die Idee gekommen, einen „Gott" zu suchen? Wieso hättest du nach etwas suchen sollen, von dem du gar nichts wusstest? Vielleicht hat derjenige, der dir von Gott erzählt hat, sogar behauptet, er hätte Gott erfahren oder gesehen. Aber ich frage dich: Warum hast nicht auch *du* ihn erfahren oder gesehen, wenn ihn ein anderer erfahren oder sehen konnte? Bist du blind? Oder zu unsensibel? Und hat der andere, der ihn erfahren oder gesehen hatte, es

vielleicht auch erst von einem anderen gehört und ihm geglaubt? Weil er daran glauben wollte? Und er es sich schließlich selbst eingebildet hat? Andere behaupten, Gott wäre alles – er oder es wäre allmächtig, allgegenwärtig. Wie kann einer das erfahren, was allgegenwärtig – also alles ist? Und du nicht?

- Oder suchst du dein eigenes Innerstes? Wenn ja: Musst du dich tatsächlich selbst suchen? Kannst du dich überhaupt selbst suchen? *Bist* du nicht einfach? Hier und jetzt? Du *bist* doch! Du existierst! Wo also könntest du dich suchen? Außen? Wohl kaum. Innen? Welches Innen? Hat man dir erzählt, dass es da in dir noch ein Innen gäbe, und nun suchst du nach diesem Innen? Sicher: Du kannst dir ein Innen vorstellen – und dann darin suchen. Aber was wirst du in dieser Vorstellung finden? Alles und nichts! Glaube mir, du bist schon „ganz innen"! Hattest du nicht schon immer das Gefühl, dass du, wenn du überhaupt etwas kennst, dich selbst am besten kennst? Hast du wirklich Zweifel, dich selbst zu kennen?
- Hat dir jemand erzählt, du würdest nicht alles über dich wissen, und du hast das dann geglaubt? Und nun suchst du den vermeintlich unbekannten Teil von dir? Was könntest du denn über dich nicht wissen? Okay, vielleicht wirst du sagen, du würdest dich nicht mehr an deine Kindheit erinnern, und die würde dich jetzt unbewusst beeinflussen. Ist das wirklich so? Oder haben dir andere erzählt, das wäre so? Und du hast es dann geglaubt? Suchst du deswegen nach verborgenen Geschehnissen, die dich beeinflussen oder beeinträchtigen? Wie war die Reihenfolge? Lass dir Zeit, darüber nachzudenken.
- Hattest du vielleicht Erlebnisse, die nicht in diese Welt

zu passen scheinen? Erlebnisse, die angenehm waren? Die dich vielleicht aus deinen Körper herausgeführt haben? Und suchst du nun nach einem Weg, dieses Erlebnis zu wiederholen? Wenn das der Fall ist, orientierst du dich also an einem *vergangenen* Ereignis, und ich frage dich: Möchtest du tatsächlich die Vergangenheit wieder zur Gegenwart machen? Geht das überhaupt? Und was hätte das für einen Sinn? Ist etwas „anderes", als es hier und jetzt ist, wirklich erstrebenswert? Wenn ja, warum? Hat man dir gesagt, es wäre ein lohnenswertes Ziel, oder hast du es selbst festgestellt? Und wenn du es selbst festgestellt hast: Was lässt dich glauben, es wäre besser, wichtiger oder erstrebenswerter? Stell dir vor, du würdest morgens aufstehen und wüsstest, du hättest einen glücklichen Tag vor dir. Würdest du in diesem Moment noch an ein vergangenes Ereignis denken oder danach suchen wollen? Möchtest du vielleicht nur deshalb Vergangenes wieder erleben, weil du dich in der Gegenwart nicht wohl fühlst?

- Suchst du nach deiner Herkunft? Oder vielleicht danach, wo du enden wirst? Ist es wirklich wichtig, wo du herkommst? Und ist es wichtig, wo du endest? Vielleicht wirst du es nie herausfinden! Bestenfalls kannst du an Thesen glauben. Aber was ändert das? Nichts. Dein Körper ist aus einer Eizelle entstanden, und diese wiederum wuchs im Bauch deiner Mutter heran. Deine Mutter aber ist auch aus einer Eizelle entstanden. Was kam also zuerst? Mutter oder Eizelle? Keine Antwort? Das ist normal, denn du wirst diese Frage nie mit deinem Verstand beantworten können! Unser Denken kann die Zeitlosigkeit und die Unendlichkeit nicht begreifen. Der Körper wurde geboren und wird wieder sterben. Wonach also suchen? Oder erkennst du dabei, dass der Körper nicht *du* sein kannst? Gut, aber bist du nicht einfach „du“? Was willst du also suchen? Dich selbst? Wo? Kannst du jemals woanders sein, als du gerade bist? Du bist hier, immer!

Wie herum funktioniert die Welt nun wirklich? Die Antwort ist in dir. Lass dir Zeit, sie zu finden. Was suchst du wirklich? Und warum?

„Alles, was du weißt, weißt du nur vom Hörensagen.
Alles, was du über dich selbst weißt, kam von außen.
Lass es los!“

*[Sri Nisargadatta Maharaj]**

* Ich bin dieses Eine

2 Glück und innerer Frieden?

Wenn du nun den Grund deiner Suche hinterfragt hast: Zu welchem Ergebnis bist du gekommen? Ich könnte mir vorstellen, dass du so etwas wie deinen inneren Frieden und Glück suchst. Das ist normal – jeder möchte glücklich und zufrieden sein.

Oder gibt es da irgendwelche Einschränkungen? Schiebst du dieses Ziel vielleicht in die Zukunft? Glaubst du vielleicht, dass sich *erst* alle deine Wünsche und Hoffnungen erfüllen müssen, damit du am Ende glücklich und zufrieden sein kannst?

Oder gefällt es dir nicht, dass ich von *deinem* Glück spreche? Vielleicht, weil du dein Glück darin siehst, andere glücklich zu machen? Es ist verständlich, dass du auch andere, deine Familie, deine Freunde usw. glücklich sehen willst, aber dein eigenes Glück und deinen eigenen Frieden wirst du dabei doch sicherlich nicht ausklammern wollen! Sei bitte ganz ehrlich zu dir!

Erinnere dich doch einmal an eine Zeit, in der du traurig oder unglücklich durch die Straßen gelaufen bist. Konntest du dich da wirklich über das Glück anderer freuen? Beispielsweise über ein glückliches Liebespärchen, das dir entgegen kam? Oder war es so, dass du zwar die Freude der anderen registriert hast, aber nicht wirklich etwas damit anzufangen wusstest?

Und nun erinnere dich an eine Zeit, in der du glücklich und fröhlich um die Häuser gezogen bist. Wie hattest du leidende Menschen, die dir dabei möglicherweise über den

Weg gelaufen sind, empfunden? Konntest du dein Glück und deine Freude trotzdem genießen, oder wurde deine Stimmung vom Leid der anderen nachhaltig getrübt?

Könnte es sein, dass unsere Gefühle weniger von den momentanen Umständen und Ereignissen abhängen, als wir glauben? Vielleicht werden sie ja vielmehr von unseren Erwartungen bestimmt! Muss es denn für Freude oder Glücksgefühle wirklich einen äußeren Grund geben? Suchst du vielleicht nur nach einem äußeren Grund für eine vorhandene Freude, weil du glaubst, nur dann hätte sie eine Daseinsberechtigung?

Lass uns ein Experiment machen! Betrachte einige Zeit eine Rose oder eine andere blühende Blume und stelle dir vor, dass sie sich freut. Sieh, wie sie dich anzulächeln scheint! Nimm dir Zeit! Und lass dich in ein längeres und freudiges Zwiegespräch verwickeln.

Und dann suche dir einen knorrigen Baum oder verdörrtes Gras und stelle dir vor, sie würden dir eine lange und traurige Geschichte erzählen. Auch hierfür nimm dir Zeit! Und fühle mit ihnen!

Was hast du dabei bemerkt? Konntest du fühlen, dass bereits deine *Einstellung* zu dem freudigen oder traurigen Dialog die entsprechenden Gefühle in dir geweckt hat? Dass bereits Freude da war, *bevor* du mit der Blume in den Dialog getreten bist? Und dass Leid bereits in dir war, *bevor* du die traurige Geschichte gehört hast? Dass also deine Gefühle ganz von deinen Einstellungen abhingen?

Wie entstehen Gefühle eigentlich? Du nimmst eine Situation wahr, und zusammen mit deinen Erinnerungen und Erwartungen bilden sich neue Gedanken. Und aus diesen Gedanken entwickeln sich dann angenehme oder unangenehme Gefühle.

Beobachte nun deine Gedanken, dein Verhalten und deine Empfindungen einige Tage ganz bewusst. Vielleicht wirst du dabei feststellen, dass du oft nichts weiter tust, als mit Gedanken zu kämpfen, die sich in Gefühlen und Handlungen ausdrücken.

„… denn mehr als alles andere lieben Sie sich selbst.
Sie wollen für sich selbst Sicherheit und Glückseligkeit.
Schämen Sie sich dessen nicht, leugnen Sie es nicht.
Es ist natürlich und gut, sich selbst zu lieben.
Doch sollten Sie genau wissen, was Sie lieben.
Es ist nicht der Körper, den Sie lieben, es ist das Leben –
Wahrnehmen, Fühlen, Denken, Handeln, Lieben, Streben,
Erschaffen."

*[Sri Nisargadatta Maharaj]**

Es ist erstaunlich: Wir alle wollen unser eigenes Glück und unseren inneren Frieden finden, und doch drehen wir uns dabei im Kreis. Warum ist das so? Weil wir im täglichen Leben unser Glück oder auch das, was wir als inneren Frieden und innere Sicherheit empfinden, von äußeren Umständen abhängig machen. Dabei bemerken wir meist nicht, dass es unsere Erinnerungen – alte, lang eingeprägte Denkstrukturen – und die daraus resultierenden Urteile und Erwartungen sind, die darüber entscheiden, ob wir glücklich und friedvoll sind oder nicht. Erinnerungen überfallen uns in Windeseile und gaukeln uns etwas vor, das im *Jetzt* nie und nimmer Gültigkeit haben kann.

* Ich bin

Dass wir aus diesem Dilemma einen Ausweg suchen, ist mehr als verständlich. Aber wie? Täglich, stündlich, sogar im Minuten- und Sekundentakt überfluten uns neue Gedanken, so dass wir gar nicht in der Lage sind, uns dagegen zu wehren oder die für uns „richtigen" aussuchen zu können. Was uns heute als richtig erscheint, mag sich morgen bereits als „Schnee von gestern" entpuppen.

Im normalen Leben mögen wir glauben, *wir* würden das Zepter in der Hand halten, *wir* könnten selbst bestimmen, wo es lang geht, aber mit etwas Aufmerksamkeit werden wir feststellen, dass uns unsere Gedanken regelrecht durchs Leben treiben. Wer könnte also von sich behaupten, er hätte die freie Wahl, welche Gedanken er denkt? Welche Urteile er fällt? Welche Entscheidungen er trifft? Ist es nicht eher so, dass uns die Gedanken regelrecht überfallen?

Ein Freund kam zu mir. Er sah deprimiert aus.

„Was ist passiert?"

„Mir wurde gekündigt."

„Warum?"

„Was weiß ich? Sah aus, als wäre ich wieder mal nicht gut genug gewesen."

„Wieso 'wieder mal'? Kennst du den Gedanken 'nicht gut genug zu sein' denn schon von früher? Solche Menschen soll's geben! Welche Situation fällt dir ein – ganz spontan –, in der du gedacht hast, du wärst nicht gut genug gewesen?"

„Das ist schon Jahre her. Da hatte ich versprochen, Freunden zu helfen. Aber es ging schief, ich hab's vermasselt."

„Weil du nicht gut genug warst?"

„Klar! Das ist mir immer noch peinlich!"

„Könnte es sein, dass du seitdem an diesem Gedanken klebst?"

„Wie meinst du das?"

„Dass du seitdem denkst, du würdest es sowieso nur immer wieder vermasseln, wenn du ein Versprechen eingehst? Weil du denkst, du wärst nicht gut genug dafür?"

„Das wäre teuflisch, aber irgendwie leuchtet mir das ein. Sogar sehr! Ich kämpfe immer mit der Angst, irgendwann zu versagen."

„Seitdem?"

Der Freund wurde still und dachte für einige Zeit nach, bevor er antwortete: *„Ja, ich glaube schon!"*

„Nichts zwingt Sie.
Sie sind, was Sie glauben zu sein.
Hören Sie auf zu glauben."
*[Sri Nisargadatta Maharaj]**

* Ich bin

„Sie sind nur für das verantwortlich, was Sie verändern können, und das Einzige, das Sie verändern können, ist Ihre Einstellung. Da liegt Ihre Verantwortung."

*[Sri Nisargadatta Maharaj]**

* Ich bin

Glück der Gedanken?

Sicherlich ist dir aufgefallen, dass du froh und glücklich machende Gedanken willkommen heißt, traurige und leidvolle Gedanken dagegen lieber meiden möchtest. Dein Glück würde also darin bestehen, nur noch angenehme Gedanken zu beherbergen – doch das ist noch keinem gelungen.

Wir haben festgestellt, dass einem Gefühl ein Gedanke vorausgehen muss. Ebenso erfolgen Aktionen nur aus Gedanken heraus. Oft geschieht das so schnell, dass wir den entsprechenden Gedanken zuvor gar nicht wahrgenommen haben. Wäre es deswegen nicht denkbar, dass unsere Gedanken, unsere Vorstellungen und Erwartungshaltungen letztlich unsere äußere Welt gestalten?

Beobachte das doch einmal und frage dich anschließend: Kannst du ohne jeglichen Gedanken glücklich und zufrieden sein? Ja? Dann frage dich weiter: Wie ist *jenes* Glück, das du momentan für dich anstrebst, ohne Gedanken denkbar?

Kann es einen Zustand ohne Gedanken überhaupt geben? Ja, es gibt ihn, und du kennst ihn auch: Abends, wenn du einschläfst – was passiert da? Beobachte es, und du wirst feststellen, dass in dem Moment alle Gedanken enden, und mit ihnen die ganze Welt für dich verschwindet. Und morgens, wenn du aufwachst, kommen sie alle wieder zu dir – deine Gedanken und mit ihnen die ganze Welt! Hast du das schon einmal unter diesem Aspekt gesehen?

Die Frage nach deinem Glück, nach Frieden, nach Sicherheit und den glücklichen Gedanken kannst du *nur* stellen, wenn du *nicht* schläfst – nur im Wachzustand! Im Tiefschlaf ist kein Bewusstsein da, und somit auch kein Gedanke! Nicht einmal „ich" kannst du im Tiefschlaf denken! Oder fragst du im Tiefschlaf nach Liebe? Nach Geld? Nach Höherem? Oder nach der Erleuchtung? Hast du da noch Schmerzen? Natürlich nicht!

Doch wo ist dein „Ich" geblieben? Wo bist *du* eigentlich im Tiefschlaf? Suche doch mal dein „Ich", das dir jetzt so wichtig ist, während du schläfst! Wo ist es?

„Wenn Gedanken aufsteigen,
dann erheben sich alle Dinge.
Wenn Gedanken gehen,
dann schwinden alle Dinge."
*[Huang-Po, Gründer des ZEN-Buddhismus]**

Das Phänomen des Tiefschlafs ist an sich schon erstaunlich. Wir sagen, dass wir einschlafen, und da wir wieder aufwachen, glauben wir auch, dass wir einfach nur „unbewusst" waren. Dass es aber tatsächlich so ist, können wir uns selbst nie beweisen. Wenn wir, statt auf „Beweise" von Außen zu hören, nur unser eigenes Empfinden und unser eigenes Beobachten zulassen, können wir lediglich sagen, dass mit Eintritt des Tiefschlafes alles verschwindet – wir ebenso wie unsere Gedanken und unsere gesamte wahrgenommene Welt.

Diese Tatsache sollte uns bei der Selbst-Erforschung zu denken geben! Für unseren Verstand ist die Zeit des Tiefschlafes einfach nur ein riesiges „Loch", in dem keine Er-

* Die Zen-Lehre des chinesischen Meisters Huang-Po

innerung möglich ist. Interessant ist auch die Tatsache, dass wir uns zum Beispiel nach einem anstrengenden Tag regelrecht nach Schlaf sehnen. Könnte es nicht sein, dass wir uns hierbei in Wahrheit einfach nur nach dem Zustand der absoluten Gedankenlosigkeit sehnen? Einem Zustand eines unendlichen Friedens?

Wir sind fixiert auf die scheinbar offensichtliche Tatsache, dass wir Einzelwesen sind, dass wir *in* einer Welt leben und dass Zeit und Raum kontinuierlich existieren. Jedoch: Wenn wir aus uns selbst heraus das Phänomen des Tiefschlafes betrachten, können wir uns bei genauerer Überlegung nicht mehr so sicher sein, ob Zeit und Raum wirklich so kontinuierlich existieren! Theoretisch könnte vom Zeitpunkt des Einschlafens bis zum Zeitpunkt des Aufwachens eine weltliche Zeitspanne von mehreren Millionen Jahren liegen. Dann nämlich, wenn – nur mal angenommen – wir uns diese sichtbare Welt wie eine Fernsehserie vorstellen, deren einzelne Folgen wir in unserem Wachzustand erleben. Der Tiefschlaf wäre dann „filmfrei“ und seine zeitliche Länge nicht zu definieren, weil die zeitliche Definition ja nur *im* Film stattfände!

„Im Tiefschlaf besitzt der Mensch nichts, nicht einmal den eigenen Körper – er weiß nichts von ihm. Statt unglücklich zu sein, ist er jedoch überaus glücklich. Jeder wünscht sich tiefen Schlaf. Daraus geht hervor, dass das Glück dem Menschen innewohnen muss und nicht auf äußere Ursachen beruht. Man braucht nur das Selbst zu verwirklichen, um sich alles Glück zugänglich zu machen."

*[Ramana Maharshi]**

* Gespräche des Weisen vom Berge Arunachala

Steuerung der Gedanken?

Unser weltliches Glück hängt also von unseren Gedanken ab. Deswegen versuchen wir fortwährend, sie zu steuern. „Think positiv!“, schreit man uns entgegen, also haben sich die meisten von uns in allen möglichen Affirmationen versucht – und sie schließlich wieder aufgegeben. Könnte es sein, dass die Steuerung von Gedanken gar nicht möglich ist? Oder kennen wir das Geheimnis ihrer Steuerung noch nicht?

Versuche doch einmal herauszufinden, wo Gedanken überhaupt herkommen. „Aus dem Verstand“ – werden die meisten sagen. Aber was ist der Verstand? Philosophen und Geisteswissenschaftler beschäftigen sich seit Jahrhunderten mit dieser Frage. Doch sie sind dabei genauso stecken geblieben wie die moderne Naturwissenschaft, die allerdings herausgefunden hat, dass wir ca. 60.000 Gedanken pro Tag haben. Eine dreißigjährige Person hätte demnach in ihrem Leben rund 657 Millionen Gedanken gedacht. An wie viele kannst du dich erinnern?

Nehmen wir an, du feiertest auf einer ausgelassenen Partie. Alles wäre perfekt und deine Stimmung bestens. Plötzlich klingelt dein Handy, und du erhältst eine niederschmetternde Nachricht. Was wird mit dir geschehen? Wie werden deine Gedanken und Gefühle sein? Ist es nicht so, dass ein Sinnesreiz von außen, in diesem Fall die Schreckensnachricht, Gedanken und Gefühle in dir aufsteigen lässt, die deine Stimmung ganz plötzlich negativ verändert?

Ein zweites Beispiel: Du läufst gelangweilt durch Straßen, vielleicht bist du sogar am Ende mit den Nerven, weil du nicht bekommen hast, was du kaufen wolltest. Bis du zufällig einen alten Schulfreund triffst. Sofort schlägt deine Stimmung um, ihr geht in ein Lokal und habt wunderbare Stunden. Alte Jugendgeschichten werden aufgewärmt, ihr lacht und scherzt. Mit diesem Schulfreund kamen also neue Gedanken, und sofort entwickelten sich neue Gefühle.

In beiden Fällen konntest du nicht bestimmen, was passieren würde. Das, was neue Gedanken und Gefühle ausgelöst hatte, kam von Außen, ohne dass es von deinem Willen beeinflusst worden wäre. Und so ist es immer! Nicht nur bei Ereignissen, die dich überraschen!

Um diese Erkenntnis zu vertiefen, empfehle ich dir eine Übung, in der es ebenfalls darum geht, herauszufinden, wie Gedanken entstehen und wie sie sich bewegen:

Setz dich ein- oder zweimal am Tag in ruhiger Umgebung in eine aufrechte, aber bequeme Sitzposition, schließe eventuell die Augen und versuche, nicht zu denken. Vermutlich wirst du feststellen, dass, je intensiver du versuchst, deine Gedanken unter Kontrolle zu bekommen, es dir immer weniger gelingen will. Denkfrei zu werden ist schwer! Es kann sein, dass du Tage brauchst, bevor du überhaupt in die Nähe einer momentanen Gedankenlosigkeit kommst, aber das spielt keine Rolle. Nimm dir einfach die Zeit und habe Geduld, denn die Übung führt dich möglicherweise zu einem wichtigen Schlüssel bei deiner Suche. Und diesen Schlüssel kannst du nur selbst finden. Worte und Glaube allein befreien dich nicht, sie führen dich nicht zu tieferen Erkenntnissen, und sie machen dich nicht wirklich glücklich.

Als ich vor Jahren diese Übung machte, passierte mir Folgendes: Nach einigen Tagen des Übens gelang es mir tatsächlich einmal, für kurze Zeit, gedankenlos zu sein. Aber kaum hatte ich diesen Zustand erreicht, schnaubte mein Hund, der ansonsten ruhig neben mir lag. Ein Gedankenbild kam in mein Bewusstsein – ich sah vor meinem geistigen Auge, wie mein Hund neben mir lag –, und diesem folgte unmittelbar ein Denkvorgang: „Warum muss er ausgerechnet jetzt schnauben?" Neue Gedanken tauchten auf, Assoziationen – eine Endloskette, die sich selbständig fortsetzte, wobei der Inhalt jedes Gedankens sich immer weiter vom ursprünglichen Gedanken „Hund" entfernte, bis meine Sinne neue Reize wahrnahmen, die wiederum neue Gedanken erzeugten. Vorbei war es mit der Gedankenlosigkeit!

„Alle gegenwärtigen Schwierigkeiten sind die Folge
von Gedanken und sind selbst Gedanken.
Geben Sie alle Gedanken auf – das ist
Glückseligkeit und Meditation."

*[Ramana Maharshi]**

Es ist schon verblüffend, wenn wir zum ersten Mal aus eigener Erfahrung und Beobachtung erkennen können, dass wir offensichtlich gar nicht Herr über unsere Gedanken sind, sondern dass Gedanken uns regelrecht überfallen, abhängig von all den momentanen Sinneswahrnehmungen unseres Körpers. Noch überraschender ist vielleicht die Entdeckung, wie leicht – und wie weit reichend – sich auch nur ein Gedanke in alle möglichen Richtun-

* Gespräche des Weisen vom Berge Arunachala

gen fortpflanzen kann. Und: Wie hoch die Zahl der hervorgerufenen Gedanken ist, die uns gewissermaßen durch das Leben peitschen.

In Anbetracht dessen scheint „selbst gesteuertes" Glück kaum eine Aussicht auf Erfolg zu haben. Solange wir wach sind, haben wir nun einmal Sinneswahrnehmungen und sind demzufolge diesen vielfältigen Gedanken ausgeliefert. Ebenso zeigt dir die Übung, in der du versucht hast, „nicht zu denken", wie schwierig, ja nahezu unmöglich es ist, einen Zustand der permanenten Gedankenlosigkeit oder Gedankenkontrolle zu erreichen. Es mag ja auf der Welt ein paar hervorragende Yogins geben, die ein solches Kunststück fertig bringen, aber die tun ihr Leben lang im Grunde nichts anderes, als unter einem „Mangobaum" zu sitzen und sich in Gedankenlosigkeit zu üben.

Doch für sie und für alle anderen gilt: Vollkommene Gedankenlosigkeit bedeutet die Auslöschung der Wahrnehmung und damit das Verschwinden des Ichs und der Welt um das Ich herum – wie im Tiefschlaf. Es ist also unsinnig, Gedankenlosigkeit im täglichen Leben anzustreben! Denn dafür brauchen wir nur einzuschlafen – und wie das geht, haben wir seit unserer Geburt ausreichend geübt.

5 Gedanken – Denken – Wünsche

Gedanken überfallen uns also. Sie sind abhängig von dem, was wir wahrnehmen. Aber wie verhält es sich mit dem Denken? Zwischen Gedanken und Denken besteht ein Unterschied! Wäre es nicht genug, einfach nur Gedanken zu haben und sich nicht weiter darum zu kümmern?

Lass uns auch hier mit einer einfachen Übung beginnen. Nimm eine Frage, von der du weißt, dass du die Antwort einmal wusstest, wie etwa: „Wie heißt die Hauptstadt von Peru?"

Was spielt sich jetzt in dir ab? Ist es nicht so, dass sich dann, wenn dir augenblicklich keine Antwort einfällt, erst einmal eine Art Leere in deinem Verstand einstellt? Gewissermaßen ein denkfreier Raum, bei dem du im Grunde genommen nur auf eine Antwort wartest? Bestimmt ist es so!

Und wenn die Antwort dennoch nicht kommt? Was tust du, dass dir die Lösung dieser Quizfrage doch wieder einfällt? Kramst du in den Schubladen deines Schulwissens? Oder stellst du dir den südamerikanischen Kontinent auf einer Atlasseite vor? Steht dort in dicken Lettern „Lima"? Oder vielleicht ein anderes Wort? Oder gar kein Wort, obwohl du dir sicher bist, die Antwort zu kennen? Warum fällt sie dir gerade nicht ein?

Nehmen wir ein anderes Beispiel, bei dem dir etwas nicht einfiel und erst später wieder ins Gedächtnis kam – z.B. ein Name oder die Geheimnummer deiner Scheckkarte. Wie hast *du* es gemacht, dass du dich wieder an den Namen oder deine Geheimnummer erinnern konntest? Wie kam das? Wodurch? Versuche doch einmal, das herauszufinden!

Hier sind offensichtlich nicht nur Gedanken im Spiel, sondern *willentliche* Denkprozesse. Befassen wir uns daher mit der Frage: Warum denkst du? Normalerweise doch, weil du etwas wissen willst oder weil du etwas anstrebst. Ist da nicht ein Wollen im Spiel?

In der Regel sicherlich. Du stellst eine Frage und erwartest eine Antwort. Aber wohin richtest du deine Frage? An deinen Verstand? Warum aber gibt er dir dann nicht immer oder nicht immer sofort die Antworten, die du suchst?

Stellst du die Frage tatsächlich deinem Verstand? Oder glaubst du es zu tun, weil man dir gesagt hat, dass sich die Antworten dort befinden? Kannst du deinen Verstand fühlen oder sehen? Könnte es möglich sein, dass du dir nur einbildest, es gäbe ihn? Selbst wenn es ihn gäbe: Woher weißt du, dass es *dein* Verstand ist? Vielleicht gibt es ja nur *einen* Verstand – einen „universalen" Verstand gewissermaßen!

Könnte es nicht auch sein – aus deiner persönlichen Sicht, ohne irgendwelche Theorien zur Hilfe zu nehmen –, dass du einfach in Gedanken eine Frage an das Unbekannte stellst und darauf wartest, dass eine Antwort auftaucht? Beobachte das doch einmal, indem du dir neue Fragen stellst! Kannst du wirklich sagen, wo die Antworten herkommen? Sind sie nicht einfach von „irgendwoher" gekommen?

Und nun denke noch einmal an die Situation, als du dich an etwas partout nicht erinnern konntest, und es dir erst später wieder einfiel – was war das Charakteristische dabei? War es nicht so, dass dir die Antwort „wie aus heiterem Himmel" präsentiert wurde? Dann nämlich, als du die Frage vergessen, also in Ruhe gelassen hattest? Könnte also möglicherweise nicht die Distanzierung von der Frage – das Beenden des Denkens bezüglich der Frage also – der Schlüssel zur richtigen Antwort sein?

Wenn du alles, was man dir im Laufe deines Lebens erzählt hat, beiseite lässt – was bleibt dann noch? Kann man Denkprozesse überhaupt begreifen? Ist Denken nicht vielleicht bloß: eine Frage an das Unbekannte stellen und auf eine Antwort warten?

Und ist ein Wunsch nicht auch nur ein Denkprozess, bei dem du in oder für die Zukunft etwas besitzen möchtest? Oder anders haben möchtest, als es gerade ist oder werden könnte?

Wünschen ist Denken in die Zukunft hinein. Du möchtest etwas – egal ob für dich oder für andere. Du hoffst, dass sich etwas so oder so entwickelt, damit sich dein Wunsch erfüllt. Auf diese Weise willst du deine Zukunft gestalten. Aber richtet sich die Zukunft nach dem, was du willst? Dann brauchtest du doch einfach nur zu wünschen, und deine Wünsche würden in Erfüllung gehen! Aber sie tun das offensichtlich nicht! Vielleicht wirst du jetzt einwenden: „Doch manchmal, aber eben nicht immer“. Gut, aber kannst du dir sicher sein, dass es wirklich *deine* Wünsche waren, die da in Erfüllung gegangen sind? Könnte es bei diesen „Wunscherfüllungen“ nicht auch so gewesen sein, dass die Dinge ohnehin so gelaufen wären, wie sie gelaufen sind? Egal, ob du sie gewünscht hattest oder nicht? Weißt du wirklich, ob du den Lauf der Dinge beeinflusst, gar gesteuert hast oder ob alles einfach nur Zufall war? Deshalb frage ich dich: Was würde passieren, wenn du aufhörtest, dir etwas zu wünschen?

Versuche doch einmal herauszubekommen, wo jene Wünsche, von deren Erfüllung du schon lange träumst, überhaupt hergekommen sind! Es lohnt sich – obwohl es nicht ganz einfach ist, ihnen auf die Schliche zu kommen. Fällt dir dabei auf, dass es sich mit ihnen genauso verhält wie mit allen anderen Gedanken auch? Sie haben dich ebenso überfallen! Doch statt sie, wie die anderen Gedanken, einfach weiterziehen zu lassen, hast du dich an sie geklammert, sie mit dem Schild „Das will ich!" versehen und sie so zu „deinen" Wünschen werden lassen. Bemerkenswert dabei ist, dass wir im Grunde unser Leben an genau diesen Wünschen ausrichten und so zu deren Gefangenen werden. Alles, was wir erleben, bewerten wir letztlich nach ihnen: Wir heißen willkommen, was zu ihrer Erfüllung beiträgt und lehnen ab, was ihrer Erfüllung entgegensteht. Unser gesamtes Leid und alle unsere Sorgen kommen allein dadurch zustande, dass wir unsere Wünsche nicht erfüllt sehen, dass unser Leben anders verläuft, als wir es wollen.

„Das Manas (der Verstand), sagt man, ist zweifach,
Entweder unrein oder rein,
Unrein, wenn Wünsche vorstellend,
Rein, wenn frei von Wünschen."
*[Atharvaveda – Brahmabindu-Upanishad – 1]**

* Sechzig Upanishad's des Veda

Das Anhaften an Gedanken

Woher kommt nun die Anhaftung an unsere Gedanken? Warum können wir die Gedanken nicht einfach vorbeiziehen lassen, sondern machen einzelne von ihnen zu unseren Wünschen und Sorgen? Sorgen sind nichts anderes als Wünsche: Wir wünschen, dass unsere Befürchtungen *nicht* eintreten.

Lass uns wieder mit einer einfachen Übung beginnen. Nimm dir eine Kerze, zünde sie an, setze dich davor und beobachte sie aufmerksam. Und nun wünsche dir ganz ernsthaft, dass die Flamme mindestens doppelt so hoch sein soll, wie sie gerade ist. Auch wenn es ein unsinniger Wunsch sein mag, gib nicht gleich auf, sondern beobachte deine Gedanken und Gefühle dabei!

Was hat sich in dir abgespielt, während du versucht hast, deinen Wunsch zur Erfüllung zu bringen? Konntest du eine Veränderung deiner Gefühle und Gedanken erkennen? Wie empfandest du nach einiger Zeit des intensiven, ernsthaften, aber erfolglosen Wünschens die Welt um dich herum?

Und nun wende dich wieder der Kerze zu: Lass sie brennen, beobachte sie weiterhin, aber akzeptiere nunmehr aus vollem Herzen, dass die Flamme so ist, wie sie ist. Was passiert? Wie fühlst du dich dabei? Intensivieren sich deine Gedanken und Gefühle? Oder werden sie schwächer?

Ist es nicht so, dass dann, wenn du *nichts* willst, wenn du also den Dingen einfach ihren Lauf lässt und nur beobachtest – dass dann dein momentaner Zustand gelöster und gelassener wird? Und wenn du einen Wunsch unbedingt erfüllt sehen willst – dass dir dann dein Leben unangenehmer, schwieriger oder beengender vorkommt?

Erinnere dich an vergangene Situationen in deinem Leben: An solche, in denen du intensive Wünsche oder auch Sorgen hattest. Und an andere Situationen, in denen du frei von Wünschen oder Sorgen warst. Erinnere dich an den Unterschied in deinem Verhalten, deinen Gefühlen und Gedanken!

Wir haben bereits festgestellt, dass unsere Wünsche ganz offensichtlich nicht den Lauf der Dinge beeinflussen. Halten wir dennoch an ihrer Erfüllung fest, machen wir uns unnötig das Leben schwer, indem wir uns durch unser Denken selbst quälen. Die Kerze brennt so oder so herunter, auch wenn wir es anders haben möchten. Der widersinnige Wunsch bereitet lediglich Kopfschmerzen und unangenehme Gefühle.

Hast du dir über die Redewendung „wunschlos glücklich" schon einmal Gedanken gemacht? Vielleicht stimmt sie ja! Stell dir doch mal vor, du würdest alles – und ich meine wirklich alles – einfach so annehmen, wie es kommt. Wie würdest du dich dabei fühlen?

Ich empfehle dir folgende Übung: Versuche ein oder zwei Tage lang wunschlos glücklich zu sein – mit allem, was auf dich zukommt. Egal was passiert – nimm es einfach nur wahr und akzeptiere es aus vollem Herzen! Und beobachte aufmerksam, was sowohl in deinem Umfeld, als auch mit dir selbst passiert. Wie geht es dir dabei?

Bitte erinnere dich: Wünsche, Sorgen und Ängste sind grundsätzlich nichts anderes als Gedanken, die uns überfallen wie alle anderen Gedanken auch. Aber wir haften daran. Es scheint Gründe zu geben, dass wir die einen

Gedanken einfach an uns vorbeiziehen lassen können, während wir an anderen gewissermaßen kleben bleiben und sie zu unseren Sorgen und Wünschen machen. Und obwohl wir ahnen, dass wir uns durch deren Loslassen besser fühlen würden, gelingt es so gut wie keinem. Denn auch der Wunsch, leben zu wollen, ist ein Wunsch – und zwar der stärkste überhaupt!

Wir alle wollen etwas sein. Wir benutzen Worte wie: „Ich bin (dies oder jenes) und deshalb muss ich (dies oder jenes) tun". Oder „Ich will (dies oder jenes) und dafür muss ich (dies oder jenes) tun". Solche Gedankenkonzepte beschreiben ein Ego, das Wünsche hat und nach deren Erfüllung sucht. Aber all diese Ego-Konzepte binden uns und machen uns zu einer Person, die scheinbar in dieser Welt lebt und handelt. Es sind genau diese Ego-Konzepte, die uns Probleme bereiten. Wir jagen unseren Wünschen hinterher und erkennen nicht, dass wir zu ihren Opfern geworden sind.

„Der gelbe Kaiser reiste nordwärts vom Roten See,
bestieg den Berg Khun-Lun und schaute gegen Süden.
Auf der Heimfahrt verlor er seine Zauberperle.
Er sandte Erkenntnis aus, sie zu suchen,
aber sie fand sie nicht.
Er sandte Denkgewalt aus, sie zu suchen,
aber sie fand sie nicht.
Endlich sandte er Absichtslos aus, und es fand sie.
'Seltsam fürwahr', sprach der Kaiser,
'dass Absichtslos sie zu finden vermocht hat'."

*[Chuang-Tzu]**

* Reden und Gleichnisse

„Nichts außer Angst hält Sie davon ab,
ein Jnani (ein Wissender) zu sein, hier und jetzt.
Sie haben Angst davor, unpersönlich zu sein,
vor einem unpersönlichen Sein. Es ist alles
so einfach, wenden Sie sich ab von Ihrem
Verlangen und Ihren Ängsten und von den
Gedanken, die sie erschaffen, und Sie sind
augenblicklich in Ihrem natürlichen Zustand."

*[Sri Nisargadatta Maharaj]**

* Ich bin

7 Gezwungen zu wünschen?

Wir haben festgestellt, dass es schwer, ja scheinbar sogar unmöglich ist, wunschlos zu sein, und es stellt sich die Frage, ob wir uns überhaupt aussuchen können, welche unserer Gedanken zu Wünschen werden. Kann es sein, dass wir vielleicht gezwungen sind, zu wünschen? Möglicherweise sind wir ja nur die Opfer dieser Wahllosigkeit! Zwar fühlen sich die positiven Wünsche gut an. Aber was ist mit den negativen Wünschen? Den Sorgen?

Nehmen wir ein einfaches Beispiel. Du bist in einem Reisebüro, um deinen Urlaub zu buchen, hast aber noch keine konkrete Vorstellung, wo du hinfahren willst. Innerhalb des Preislimits, das du dir gesetzt hast, begutachtest du die verschiedenen Angebote, kommst schlussendlich zu einer Entscheidung und buchst. Es sieht also ganz so aus, als hättest *du* dich entschieden. Aber ist das wirklich so? Hast wirklich *du* dich entschieden? Oder waren es die Umstände? Da war vielleicht ein Angebot für Tunesien. Alles hätte gepasst, und dennoch konntest du dich nicht entscheiden, das Angebot anzunehmen. Warum? Nehmen wir einmal an, dass du jemand bist, der große Hitze nicht mag, oder der das Wüstenklima nicht verträgt, oder dass dir einfach die arabische Mentalität nicht liegt. Wenn das nun der Grund dafür war, dass du die Tunesien-Reise nicht gebucht hast – hast *du* dich dann wirklich dagegen entschieden? Oder waren es nicht vielmehr deine Betrachtungen der Dinge, die entschieden haben? Kann es nicht sein, dass deine Erinnerungen, Vorlieben und Abneigungen letztendlich die Entscheidung getroffen haben? Dass sie dich quasi gezwungen haben, dir diese Reise nicht zu wünschen – und dem entsprechend zu entscheiden?

Nehmen wir ein zweites Beispiel: Du bist an einem heißen Tag mit einem Freund unterwegs, und der bestellt sich in einem Café einen trockenen Sandkuchen. Zur Auswahl steht auch ein saftiger Apfelkuchen. Du bestellst den Apfelkuchen und bist davon überzeugt, dass *du* dich dafür entschieden hättest. Aber stimmt das? Könnte es nicht sein, dass die Trockenheit in deinem Mund oder die Erinnerung, dass du dich einmal kräftig an solch einem bröselnden, trockenen Sandkuchen verschluckt hattest, die Entscheidung getroffen hat? Und dass du jetzt nur *glaubst*, du hättest dich entschieden? Wer entscheidet also? Du? Oder deine Erinnerung? Oder der Zustand, in dem du dich gerade befindest?

Nimm doch einmal deine Wünsche und Sorgen im täglichen Leben genau unter die Lupe und versuche herauszufinden, warum du dir dieses oder jenes wünschst und dieses oder jenes ablehnst. Und frage dich, ob es nicht möglich ist, dass deine Erinnerungen, deine Vorlieben und Abneigungen dir genau das aufzwingen, was du für deine Wünsche und Sorgen hältst! Vielleicht sind sie ja gar nicht *deine* Wünsche und Sorgen! Vielleicht hältst du sie bloß dafür?

„Sie kennen Ihren Willen erst,
nachdem Sie gehandelt haben."

*[Sri Nisargadatta Maharaj]**

* Ich bin

Wir sagen im täglichen Leben so oft „ich will ...“, „ich tue ...“, „ich habe mich entschieden ...“, dass wir für gewöhnlich nicht auf die Idee kommen, uns zu fragen, ob wir unsere Wünsche und Sorgen wirklich aus unserem freien Willen heraus kreiert haben! Sind wir es, die entscheiden, oder „werden wir entschieden“?

Nicht nur Kinder lernen durch Kopieren der Eltern und anderer Personen. Auch im Erwachsenenalter tun wir unbemerkt nichts anderes. Ein typisches Beispiel sind die sogenannten „Ohrwürmer“ – Musikstücke, die wir im Radio hören und plötzlich mitträllern. Warum das so ist, soll uns hier nicht interessieren. Interessant ist nur die Tatsache, *dass* wir kopieren.

Oder die sogenannte „Spinnenphobie“: Als kleines Kind haben wir Mama vielleicht immer wieder kreischen gehört, wenn sie, wild gestikulierend, eine Spinne gesehen hat. Und genau das haben wir kopiert. „Kreischen“ und „wildes Gestikulieren“ wurden zum Ausdruck des Schreckens, und die im Grunde harmlose und unbedeutende Beobachtung einer Spinne zum Auslöser von Angst und Sorge.

Ein letztes Beispiel, diesmal aus meinem Bekanntenkreis: Ein Freund von mir ist ein ziemlich aggressiver Autofahrer. Passt ihm ein anderer Verkehrsteilnehmer nicht, hebt er sehr schnell die flache Hand und ruft: „Du nicht!“ Eines Tages trafen wir uns bei ihm zu Hause. Sein kleiner Sohn saß auf einem Spielzeugauto, „brummte“ durch die Wohnung, reckte plötzlich die flache Hand und schrie voller Vergnügen, aber durchaus mit ernster Miene: „Du nicht!“

Alles das zeigt uns deutlich, wie wir das Verhalten anderer kopieren und so unbemerkt zu unserem eigenen Verhalten machen. Und trotzdem glauben wir – ganz besonders, weil wir diesen Mechanismus nicht kontrollieren können –, dass unsere Verhaltensweisen von uns gewollt sind, dass wir uns für sie entschieden haben und dass sie unsere „ureigensten“ Vorlieben, Abneigungen, Wünsche und Sorgen verkörpern.

Ein grundlegender Irrtum! Unsere Erinnerungen und Erlebnisse produzieren unseren Charakter, sie diktieren, was wir zu lieben und zu hassen haben. Wir meinen lediglich, *wir* hätten gewählt!

Wunsch auf Wunsch?

Erinnere dich bitte an einen Wunsch, der sich für dich erfüllt hatte. Wie fühlte sich das an? Warst du in dem Moment nicht wunschlos? Wunschlos glücklich? Oder erinnere dich an eine Situation, in der etwas, das du befürchtet hattest, nicht eingetreten ist! War da nicht eine erleichterte und freudige Stimmung in dir? Nun frage ich dich: Warum hast du später diese freudige Stimmung wieder verloren? Warum bist du nicht einfach wunschlos glücklich geblieben? Warum ging dieser Zustand zu Ende? Ganz einfach: Weil dich ein neuer Wunsch überfiel! Und dann noch einer und noch einer! Und denen jagst du jetzt hinterher! Deine Wünsche scheinen, wie gefräßige Monster, nie Ruhe geben zu wollen. Hast du das bemerkt? Warum brauchst du ständig neue Wünsche, die sich erfüllen sollen? Warum kannst du nicht einfach mit dem zufrieden sein, was ist?

Du hast in den vorangegangenen Übungen fühlen können, dass der Zustand des „Wunschlosglücklichseins" einen inneren Frieden erzeugt, vielleicht sogar jenen Frieden, den du suchst. Warum kannst du ihn nicht beibehalten? Du wirst vielleicht einwenden, dass das Leben furchtbar langweilig wäre, wenn du keine Wünsche mehr hättest. Wirklich? Sind die Wünsche für dich immer noch *deine* Wünsche? Was würde passieren, wenn du keine Wünsche mehr hättest?

Ein Beispiel: Du kaufst dir ein Sofa und bist so begeistert, dass du dich erst einmal gar nicht traust, dich darauf zu setzen, und doch ist es nach ein paar Wochen ein ganz normales Sofa geworden. Die Freude ist weitgehend verschwunden. Und schon wünschst du dir einen neuen Wohnzimmertisch. Und dann vielleicht neue Sessel, eine neue Lampe, andere Tapeten, und zum Schluss willst du gar umziehen – weil doch die „Lebensfreude" nicht leiden soll! Damit du dir die Wünsche erfüllen kannst, musst du mehr Geld verdienen, mehr arbeiten, eine bessere Position bekommen usw. Und ein neues, schöneres Auto wünschst du dir auch noch und ein Fahrrad, dann neue Kleidung. So geht es in einer Tour. Wunsch über Wunsch und kein Ende in Sicht! Jammerst du vielleicht, dass du so viel für ihre Erfüllung tun musst?

Ist es nicht so, dass du deine ganze vermeintliche Lebensfreude an deinen Wünschen ausrichtest? Dass du dich nur dann, wenn du deine Wünsche erfüllt siehst, glücklich fühlst? Und das, obwohl ständig neue Wünsche auftauchen?

Ich schlage dir vor, deine aktuellen und vergangenen Wünsche noch einmal genau anzusehen. Machte und macht ihre Erfüllung dich wirklich glücklich? Oder sind bzw. waren das immer nur kurze Zustände des Glücks?

Ich erinnere mich in dem Zusammenhang oft an meine Zeit als Jugendlicher. Meine Freunde und ich hatten damals fast nie Geld, und doch haben wir das Leben meist sehr genossen. Natürlich hatten wir Wünsche an das Leben, aber die hatten Zeit, sie bedrängten uns nicht. Wir sind ihnen nicht hinterhergerannt, sondern haben einfach nur gelebt. Sicher ist es dir ähnlich ergangen. Und jetzt? Wo ist die Leichtigkeit deiner Jugend geblieben? Was ist passiert? Kann es sein, dass es die ständige Suche nach Glück in den nie enden wollenden Wünschen und Vorstellungen ist, die dich unglücklich werden lässt? Warum kannst du nicht einfach nur sein? Einfach hier sein, ohne der Erfüllung deiner Wünsche nachzujagen? Was willst du eigentlich vom Leben?

Nimm nun einen deiner intensivsten Wünsche und versuche ihn gedanklich und von ganzem Herzen in Ruhe zu lassen. Und beobachte, was die nächsten Tage damit passiert. Tue es! Tue es wirklich!

Solange wir unseren Wünschen nachjagen, können wir keinen Frieden finden. Ein Wunsch jagt den anderen. Wir scheinen gezwungen zu sein, unser Leben nach ihnen auszurichten. Alles, was uns deren Erfüllung näher bringt, lieben und akzeptieren wir, alles was die Erfüllung zu verhindern scheint, lehnen wir ab. Die Wahrnehmung unserer Welt wird dadurch immer verzerrter und eingegrenzter und verstellt den Blick auf unser wahres Wesen und die tieferen Wahrheiten des Lebens und des Universums. Wir blicken wie durch einen Tunnel, an dessen Ende wir gerade mal ein kleines Licht sehen können. Und doch halten wir dieses kleine Licht, diese stark eingeschränkte Wahrnehmung, bereits für großartig. Wir erahnen noch nicht einmal, was passieren könnte, wenn wir einfach nur hier wären – einfach nur „sind“ –, ohne auch nur einem einzigen Wunsch nachzurennen. Dabei brauchen wir uns nur an jenen Zustand zu erinnern, in dem wir „wunschlos glücklich“ waren. Warum aber vergessen wir ihn immer wieder? Und rennen stattdessen dem nächsten Wunsch hinterher? Vielleicht, weil wir nicht anders können? Vielleicht aber auch, weil wir dieses Nachjagen als das Spiel des Lebens betrachten?

„Zuerst müssen Sie frei sein. Um in der Welt frei zu sein, müssen Sie frei von der Welt sein. Denn sonst entscheidet Ihre Vergangenheit für Sie und Ihre Zukunft. Sie sind gefangen, zwischen dem, was geschah, und dem, was geschehen muss."

*[Sri Nisargadatta Maharaj]**

* Ich bin

Erinnerung und Aufmerksamkeit

Hast du dir einmal Gedanken darüber gemacht, warum die Erinnerungen an deine Kindheit so spärlich geworden sind? Und warum dir immer nur einige wenige Momente deiner frühen Vergangenheit einfallen? Wieso verblassen selbst schöne Erinnerungen mit der Zeit immer mehr?

Vor Jahren verließ ich mein von mir gegründetes Unternehmen, um mich anderen, für mich interessanteren Tätigkeiten zu widmen. Ich erinnere mich dabei immer wieder an ein seltsames Phänomen, das mir bald nach dem Austritt auffiel: Während meiner langjährigen Tätigkeit als Geschäftsführer hatte ich Dutzende von Telefonnummern der wichtigsten meiner Kunden samt Nebenstellennummern im Kopf. Aber bald nach meinem Ausscheiden hatte ich sie alle vergessen. War mein Gedächtnis schlecht geworden? Offenbar nicht, denn mit meinen neuen Tätigkeiten ergaben sich neue Anforderungen, und bei diesen war mein Erinnerungsvermögen genauso verlässlich wie früher.

Andererseits gibt es Momente in meinem Leben – auch aus der Kindheit –, die wie Fixsterne am Firmament in meiner Erinnerung „verankert“ sind. Aber wieso? Hängen wir vielleicht deshalb an diesen Erinnerungen, weil sie die Basis unseres Lebens und unseres Charakters sind? Sie also eine wichtige Rolle für uns spielen – egal, ob im positiven oder negativen Sinn?

Ein befreundeter Psychiater erzählte mir einmal eine interessante Geschichte: „Stell dir vor, du fährst eine Straße in einer verkehrsberuhigten Zone entlang. Aber du hast das Hinweisschild nicht wahrgenommen und tappst in eine Radarfalle. In dem Moment, in dem du die Situation erkennst, erinnerst du dich seltsamerweise daran, dass du das Schild doch gesehen hattest."

Scheinbar nehmen wir viel mehr wahr, als uns bewusst ist, doch wir begrenzen unsere Erinnerung auf nur jene Dinge, die uns momentan wichtig sind. Wenn das tatsächlich so ist, wären unsere Erinnerungen nur dann verfügbar, wenn wir ein *Interesse* daran haben. Es ist tatsächlich auffällig, dass wir uns an Erlebnisse und Fakten, die uns interessieren und beschäftigen, gut erinnern können, während all die Gegebenheiten, die uns nicht interessieren, sich unserem Erinnerungsvermögen entziehen.

Wenn also die Erinnerungen, die ja maßgeblich für unsere Ansichten und für unser Weltbild verantwortlich sind, sich mit den ständig wandelnden Interessen immer wieder ändern – wie können sie dann überhaupt eine verlässliche Auskunft über die tiefere Wahrheit unserer Existenz geben? Was ist dann Wahrheit, was ist Illusion?

Sind Erinnerungen überhaupt Erinnerungen, oder schaffen wir nur im *Jetzt* Gedanken, die wir für Erinnerungen halten? Und sind diese Erinnerungen überhaupt „real"? Erinnere dich doch einmal an einen Streit mit jemandem, der dich verletzt hat. Wie sah deine Erinnerung an den Streit unmittelbar danach aus? Wie ein paar Stunden später? Wie ein paar Tage, Wochen oder Jahre später?

Wenn du unter diesem Aspekt einige deiner Erinnerungen betrachtest, wirst du feststellen, dass sie sich deiner momentanen Stimmung, deinen jeweiligen Wünschen und Vorstellungen anpassen. Doch was ist morgen? Oder übermorgen? Oder in einem Jahr? Wenn sich deine Wünsche und Vorstellungen geändert haben? Was ist die Erinnerung von heute dann noch wert? Nichts! Erinnerungen sind *immer* unzuverlässig. Sie sind nichts weiter als Gedanken, die kommen und gehen.

Was gibt es nun noch für eine verlässliche Wahrheit in deinem Leben? In diesem Universum? Nicht eine!

„Erinnerung existiert nur solange,
wie Sie an ihr interessiert sind."
*[Sri Nisargadatta Maharaj]**

* Ich bin

„Seien Sie sich Ihrer selbst bewußt, beobachten Sie Ihren Verstand, geben Sie ihm Ihre volle Aufmerksamkeit. Warten Sie nicht auf schnelle Ergebnisse, vielleicht gibt es keine, die Sie sehen können. Ohne daß Sie es wahrnehmen, wird sich Ihre Psyche verändern. Es wird mehr Klarheit in Ihrem Denken, Mitgefühl in Ihrem Herzen, Gradlinigkeit in Ihrem Verhalten geben. Sie brauchen sich nicht darum zu bemühen, trotzdem werden Sie einen Wandel feststellen. Denn das, was Sie jetzt sind, ist das Ergebnis von Unaufmerksamkeit, und was Sie werden, ist die Frucht der Aufmerksamkeit."

*[Sri Nisargadatta Maharaj]**

* Ich bin

Losgelöste Aufmerksamkeit?

Ist nach all den vorausgegangenen Übungen, Überlegungen und Beobachtungen vielleicht ein Verdacht in dir aufgestiegen? Der Verdacht nämlich, dass du in Wahrheit nichts mit deinen Gedanken, deinem Denken und deinen Wünschen zu tun hast? Anders gefragt: Ahnst du, dass nicht *du* es bist, der denkt? Dass nicht *du* es bist, der sich etwas wünscht? Dass nicht *du* es bist, der sich Sorgen macht? Dass du nur der *Illusion* verfallen bist, es hätte etwas mit dir zu tun? Weil du die Gedanken nicht hast weiterziehen lassen? Und du dich mit ihnen identifiziert hast?

Stell dir vor, du wärest ein Außerirdischer, ein geistiger Alien, der dir auf dieser Erde zusieht, der dein Treiben und deine Gedanken völlig unbeteiligt beobachtet! Völlig distanziert! Würdest du dann nicht staunen über das, was die Person da unten alles zu sein glaubt? Was sie alles zu erledigen hat, weil sie immer etwas „erreichen" muss und dabei in ständiger Sorge lebt, sie könne etwas falsch machen oder etwas Entscheidendes verpassen?

Und stell dir nun vor, du *selbst* siehst deinem Körper und deinen Gedanken distanziert zu! Genauso distanziert! Versuch es doch einfach mal – vielleicht sogar einen ganzen Tag lang! Sag am Morgen nicht: „Ich stehe jetzt auf", sondern: „Dieser Körper steht jetzt auf." So, als ob du außerhalb von ihm stündest. Sag nicht: „Ich denke dies oder das", sondern: „Dieser Verstand denkt dies oder das." Wenn du mit Freunden oder Kollegen sprichst, dann denke nicht „ich", sondern „er" spricht mit ihm. Und Abends, beim Einkaufen, wenn du dir im Regal mit den Süßigkeiten eine Tafel Schokolade greifen willst, denke nicht „ich", sondern „der Appetit" will jetzt diese Schokolade! Und finde heraus, was passiert! Ich bin sicher, du wirst überrascht sein! Denn nur weil du dich mit allen deinen Gedanken und Handlungen identifizierst, haben sie Macht über dich! In der Literatur wird die Betrachtung der eigenen Person von Außen als „Dissoziation" bezeichnet und oft mit einem sehr anschaulichen Beispiel belegt: Stell dir vor, du sitzt in einer Achterbahn, und dein Wagen rast von deren höchstem Punkt aus in den Abgrund hinunter! Was tut sich in deinem Körper? Scheint nicht alles in dir zu explodieren? Ist da nicht geradezu so etwas wie Todesangst, die alles in dir erfasst? Bricht da nicht das Entsetzen aus dir heraus? Musst du nicht ganz einfach schreien? Und nun stell dir vor, du stehst *vor* der Achterbahn und siehst, wie du in eben diesem Wagen sitzt und eben diesen Abgrund hinunterrast. Du siehst das Entsetzen in deinen Augen, du siehst, wie du dich voller Angst an die Halterungen klammerst, du siehst, wie du schreist – aber was passiert nun in deinem Körper? Nichts scheint da mehr zu explodieren! Keine Todesangst! Macht dir das Beispiel deutlich, wie sehr wir mit allem, was wir tun und denken, identifiziert sind?

Damit kommen wir zu einer Übung, die im Grunde keine Übung ist, sondern so etwas wie ein Zustand, den ich als Meditation im höchsten Sinne betrachte. Du kannst sie vierundzwanzig Stunden am Tag praktizieren, ohne deinen Alltag dabei zu unterbrechen – inmitten deiner Freunde, deiner Familie, deiner Arbeit, im Auto, in der Straßenbahn, überall. Ohne dich extra dafür hinsetzen zu müssen. Trotzdem empfehle ich, erst einmal in ruhigen Minuten damit anzufangen. Die „Meditation" lautet: *„Beobachte deine Gedanken!"*

So wie du Dingen, denen du keine tiefere Bedeutung beimisst, einfach zuschauen kannst – wenn du beispielsweise auf einer Parkbank sitzt und die Natur entspannt betrachtest – so beobachte nun genauso entspannt deine Gedanken, ohne dich in sie hineinziehen zu lassen. Das wird am Anfang nicht ganz einfach sein, denn Gedanken sind raffiniert! Sie werden dich immer wieder einfangen und verwickeln wollen, wie Katz und Maus werden sie Versteck mit dir spielen, sie werden kommen, wenn du sie nicht erwartest und ausbleiben, wenn du sie erwartest. Aber mit der Zeit wird es dir immer besser gelingen, ruhig und gelassen dabei zu bleiben und Abstand zu ihnen zu halten. Und du wirst feststellen, dass es im Grunde nicht einmal schwer ist.

Welche Erkenntnis steht nun hinter dieser Übung? Stelle dir vor, du beobachtest eine Katze. Bist du dann die Katze? Natürlich nicht! Wenn du über deine Arme streichst und die Haare auf ihnen spürst – bist du dann diese Haare? Oder diese Haut? Beides sicher nicht. Oder spüre, wie dein Herz schlägt – bist du dein Herz? Wer wärest du dann, wenn du nach einer Transplantation ein anderes Herz bekommen hättest? Wärst du noch du? Oder bist du dein Gesicht? Welches Gesicht? Das aus deiner Kindheit? Das jetzige Gesicht? Oder das im Alter? Alles, was du beobachten kannst, kannst nicht *du* sein! Du kannst nicht das beobachtende Subjekt und das beobachtete Objekt *zugleich* sein! Wenn du also deine Gedanken beobachten kannst, dann kannst du nicht deine Gedanken *sein*. Denn wenn sie weg wären – wärest du dann nicht mehr du? Das bedeutet: Deine Gedanken, deine Wünsche, Sorgen, Ängste und Vorstellungen können nicht *deine* sein, denn sonst könntest du sie nicht beobachten. Du als Beobachter musst etwas Anderes sein! Das gebietet allein schon die Logik! Du bist nicht das, was du wahrnimmst!

Wenn es uns gelingt, Distanz zu unseren Gedanken und zu unserem Denken zu erreichen, werden wir erkennen, dass wir als beobachtendes Subjekt frei sind. Frei von all den Fesseln, die uns das Denken, die auf uns einströmenden Gedanken und die daraus folgenden Handlungen auferlegt haben. Das hat gewaltige Auswirkungen auf unser Leben und gibt uns ungeahnte Einsichten in unsere wahre Natur.

„Wenn Sie den Zustand des Zeugenbewusstseins erfahren, fragen Sie sich: 'Wer bin ich?' Und die Antwort kommt sofort, wenngleich sie wortlos ist und der Stille angehört."

*[Sri Nisargadatta Maharaj]**

* Ich bin dieses Eine

Als Kind?

Die meisten von uns bekommen verklarte Augen, wenn sie an ihre frühe Kindheit denken. War die Welt damals nicht immer wieder neu und erfrischend? Natürlich gab es auch Zeiten, in denen du dich unterdrückt gefühlt oder nach mehr Beachtung verlangt hattest – die gesamte Psychoanalyse lebt davon –, aber im Wesentlichen warst du einfach nur *da* und erlebtest die Welt jeden Tag neu. Es gab nichts, was dich Stunden, Tage oder Monate beschäftigt hätte. Du hast wie jetzt durch deine Augen gesehen, mit deinen Ohren gehört, aber fühltest du dich damals nicht wesentlich freier als heute? Die Dinge sind geschehen, und du hast sie beobachtet. Du warst einfach da – im Hier und Jetzt!

Oder denke an eine Situation, in der sich ein „Herzenswunsch" erfüllt hatte. Warst du da nicht einfach nur glücklich? Frei von Gedanken im Hier und Jetzt? Einfach nur „Ich bin" – sonst nichts? Da also *warst* du nur – frei vom Denken. Du hast wahrgenommen, was um dich herum vor sich ging, aber du hast dich nicht „eingemischt". Du warst der zufriedene Beobachter. Der reine Beobachter.

Und jetzt? Beobachtest du gerade, wie ein Kind beobachtet oder eine Person im wunschlosen Glücksgefühl? Vermutlich nicht, doch: Versuche es einfach mal. Jetzt! Lass uns das ausprobieren! Vergiss alles, was dir wichtig und unwichtig ist und beobachte und akzeptiere alles, was es zu beobachten gibt! Die Umgebung, deinen Körper, deine Gedanken, deine Gefühle. Einfach alles. Und achte darauf, was passiert! Macht sich da nicht ein Gefühl der Leichtigkeit breit? Ist es nicht wie die Ankunft an einem ersehnten Urlaubsort? Ein Gefühl wie: Alle Gedanken, alle täglichen Sorgen hinter sich gelassen zu haben, alles „vergessen" zu haben und einfach nur hier zu sein?

Und nun erinnere dich an einen deiner nicht erfüllten Wünsche, an deine Sorgen oder an Vorstellungen, die dich quälen! Was ist der Unterschied? Tritt vielleicht ein Gefühl von Enge ein, von Mühe, von „Ich muss noch dieses oder jenes ...“., das dich fesselt?

Ich bin sicher, du suchst nicht die Fessel, sondern die Freiheit, die du als Kind oder im Zustand des wunschlosen Glücklichseins erlebt hast! Als du einfach nur „hier" warst. Hier und jetzt, ohne Bedingungen, ohne Konzepte über dich und die Welt. Denn genau das ist dein Innerstes, das du hier zu spüren beginnst. Es ist der Zustand des reines Zuschauens, des reinen Seins. Du kennst diesen Zustand sehr wohl, du hast ihn nur gründlich vergessen. Warum nur?

„Die Vorstellung vom Körper ist gar nicht falsch,
noch nicht einmal die Vorstellung 'Ich bin der Körper'.
Jedoch sich selbst auf einen Körper zu beschränken,
das ist mit Sicherheit ein Fehler."

*[Sri Nisargadatta Maharaj]**

Was wir suchen, ist die ewige Glückseligkeit in uns – unser wahres Selbst, oder wie auch immer wir es bezeichnen wollen. Dieses „wahre Selbst" ist wie ein subtiler, immer währender Zustand, der lediglich durch unser Denken, unsere Wünsche und Vorstellungen überdeckt wird. Irgendwann in der Kindheit haben wir die reine „Zu-

* Ich bin

schauerposition" scheinbar verlassen und angefangen, die Dinge nur noch auf uns zu beziehen. Damit haben wir ein massives und verfängliches Ich-Konzept geschaffen – das Ego –, das sich von nun an mit den Gedanken verbunden fühlte und sie für *seine* Gedanken hielt. So haben wir das, was wir wirklich sind, immer mehr aus den Augen verloren und wurden stattdessen tiefer und tiefer in die Geschehnisse hineingezogen. Wir fühlten und fühlen uns als Person, als ein „Ich", das glaubt, all die Dinge im Leben würden „ihm" zustoßen. *Scheinbar* entwickelten und entwickeln wir eigene Gedanken, aus denen immer wieder neue persönliche Wünsche und Vorstellungen entstehen, die sich immer weiter fortpflanzen. Wie wir und die Welt auszusehen hätten, was passieren und nicht passieren sollte – all das mündet nun schon fast unser ganzes Leben lang in einer unübersehbaren Anzahl von Bedürfnissen und Interessen, und wir praktizieren nichts anderes mehr, als ihnen nachzulaufen. Sind wir dabei nicht immer unglücklicher geworden?

Deswegen ist die Befreiung von den Zwängen, die uns unsere Wünsche und Vorstellungen auferlegen – also die Befreiung von der Illusion, eine Person zu sein –, in Wahrheit das, was wir suchen.

*„Die Gedanken gehören zum Denker.
Verbleiben Sie als Selbst dieses Denkers,
und die Gedanken haben eine Ende."*
*[Ramana Maharshi]**

* Gespräche des Weisen vom Berge Arunachala

12 Träume

Was eigentlich sind Träume? Kommt es dir nicht seltsam vor, dass sie einfach so beginnen? Da ist keine Entstehungsphase, die einem Traum vorangeht, da ist keine Traumevolution. Traumpersonen müssen nicht erst geboren werden, um im Traum existieren zu können. Alles ist schon da. Häuser, Bäume, Blumen, Menschen – einfach alles. Und ebenso endet der Traum wieder. Plötzlich und mitten im Geschehen! Genau wie ein Film beginnt und wieder endet, wenn du auf deiner Fernbedienung ein Programm einstellst und wieder „wegzappst", so springst du auch im Traum mitten in eine Situation und verlässt sie wieder. Und mittendrin du – als Traumfigur. Du leidest in deinen Träumen, wie du im Leben leidest, du erlebst Glück, du schwitzt und machst und tust. Aber kannst du während des Traums sagen, dass du gerade träumst? Mitnichten! Solange du träumst, scheint alles „echt" und „wirklich" zu sein. Doch am Ende wirst du aufwachen, und du wirst nicht das Bedürfnis haben, noch einmal in deinen Traum zurückzukehren, um beispielsweise die Traumtoten zu beerdigen, die du in deiner Traumschlacht umgebracht hast! Noch seltsamer: Nach wenigen Minuten oder Stunden ist die Erinnerung an deinen Traum meist verschwunden. Eine sinnentleerte Fata Morgana!

Wenn du deine Träume untersuchst, wirst du feststellen, dass dort alles passieren kann, was auch hier im Leben passiert. Du kannst von Wissenschaftlern träumen, die großartige Theorien aufstellen. Zum Beispiel, wie dieser Traumplanet entstanden ist. Du kannst Urknalltheorien entwickeln und eine Menge Traumstudenten und Traumprofessoren damit beschäftigen, neue Theorien darüber auszuarbeiten. Du kannst Traumpolitiker und Traumsteuern erfinden, Traumparteien und Traumkorruption. Oder sogar ein fanatischer Traumtaliban sein. Vielleicht glaubst du im Traum ja auch, du müsstest schuften bis zum Umfallen. Oder du müsstest den Schöpfer dieser Traumwelt suchen. Natürlich wäre der außerhalb deiner Traumwelt! Dann würdest du vielleicht diesen vermeintlichen Traumgott anbeten und andere als Verwalter deines Traumgottesglaubens einsetzen, die du dann Priester nennen würdest oder Päpste oder Philosophen oder Weise oder gar Erleuchtete. Oder du kannst träumen, dass dir eine Traummutter erzählt, sie hätte dich geboren. Und dass du eines Tages sterben würdest. Und das alles glaubst du im Traum! Auch, dass du deinen Traumpartner heiratest und glücklich mit ihm bist. Und wenn dich im Traum ein Kamel in die Hand beißt – du würdest sogar den Schmerz empfinden und möglicherweise einen Verband anlegen! Aber wo ist die Verletzung geblieben, nachdem du aufgewacht bist? Wo ist der Schmerz geblieben? Du warst doch eben noch, als Traumfigur, mittendrin in den Traumgeschehnissen!

Wer bist du also im Traum, dass du ihn so ernst nimmst? Und wer bist du danach, wenn du wieder aufwachst? Und: Wieso dauert ein Traum nur ein paar Sekunden, während du in ihm scheinbar stundenlange Schlachten führen kannst?

In den alten indischen Geheimlehren – und nicht nur da – finden wir immer wieder Hinweise auf unsere Träume und die Ähnlichkeit mit dem scheinbar realen Leben hier. Beide scheinen gleich zu sein – und doch empfinden wir unsere Träume als unwirklich, während wir den Wachzustand für real halten. Aber eben nur, während wir wach sind! Im Traum würden wir unser Leben im Wachzustand auch nur als Traum empfinden. Dann nämlich, wenn wir einschlafen und zu träumen beginnen, dass wir an einem Morgen aufwachen und uns sagen: „Heute hatte ich mal wieder einen seltsamen Traum! Da musste ich doch glatt den ganzen Tag arbeiten, um Geld zu verdienen, damit ich meine Miete bezahlen kann. Hoffentlich träume ich das nie wieder!"

Träumen wir nun unsere Träume und leben dieses Leben hier wirklich? Oder leben wir im Traum und träumen dieses Leben hier? Oder träumen wir vielleicht beides – Leben wie Traum?

„Ich, Chuang-Tzu, träumte einst, ich sei
ein Schmetterling, ein hin und her flatternder
Schmetterling, ohne Sorge und Wunsch,
meines Menschenwesens unbewußt.
Plötzlich erwachte ich; und da lag ich:
wieder 'ich selbst'. Nun weiß ich nicht:
war ich da ein Mensch, der träumt,
er sei ein Schmetterling, oder bin ich
jetzt ein Schmetterling, der träumt,
er sei ein Mensch?"

*[Chuang-Tzu]**

* Reden und Gleichnisse

„... Du kannst mir glauben: die Welt des Wachzustands unterscheidet sich nicht wesentlich von der Traumwelt. Beide Zustände gleichen einander darin, dass sie ständig Wandlungen unterworfen sind. Alles, was erscheint, verschwindet auch wieder. Stetigkeit finden wir nur bei dem, was allen Objekten zugrunde liegt. Sowohl im Wach- als auch im Traumzustand werden sinnvolle Handlungen vollbracht, und beiden ist eine Beständigkeit eigen. Sowohl im einen wie im anderen Zustand bist du in den Ablauf des Geschehens – aktiv oder passiv – einbezogen. Da sich beide Zustände so ähneln – warum beklagst du nicht auch den Verlust der Traum-Verwandten? Der Wachzustand scheint allen nur deshalb wirklich vorzukommen, weil sie gewöhnt sind, so zu denken. Wenn man ihn sich leer vorstellt, verschmilzt er schließlich mit der Leere. Unsere Vorstellungen haben große Kraft. Man beginnt, sich etwas vorzustellen, sinnt darüber lange gesammelt nach und gelangt schließlich zu der Auffassung, dass es wahr sein muss."

*[Tripura Rahasya]**

* Die geheime Botschaft der Göttin Tripura

13 Die Erschaffung von Welten

Lass uns nun etwas sehr Angenehmes machen: Setz oder lege dich entspannt hin, schließe deine Augen und beginne zu fantasieren. Erschaffe dir eine Tagfantasie. Nimm zum Beispiel eine idyllische Südseeinsel unter Palmen, auf der du spazieren gehst. Es ist angenehm warm, du siehst den azurfarbenen Himmel, du spürst den weichen, feinkörnigen Sand unter deinen Füßen, du schmeckst einen leicht salzigen Geschmack auf deiner Zunge und fühlst den kühlenden Seewind auf deiner Haut, der vom tiefblauen Meer herüberweht. Lass dich ganz in diese wunderschöne Fantasie hineinfallen! Lass sie Besitz von dir ergreifen! Du gehst ein kleines Stück in das Wasser, lässt deine nackten Füße von den Wellen umspülen, du genießt die feuchte Kühle, den nun festeren, feuchten Sand unter dir. Deine Lungen füllen sich mit der unendlich reinen Luft, und du fühlst dich frei.

Wenn du wieder auftauchst aus deiner Fantasie – fällt dir etwas auf? Du hast nicht nur dich in deine Fantasielandschaft versetzt – du hast in deiner Vorstellung eine ganze Welt um dich herum erschaffen!

Nun lass uns noch einmal auf deine Insel zurückkehren. Aber stell dir diesmal vor, dass du nicht du bist, sondern eine andere Person. Gib ihr einen anderen Körper, einen anderen Namen, vielleicht sogar ein anderes Geschlecht – ganz wie du willst. Und versetze dich genau wie in deiner ersten Fantasie in die Situation hinein. Nimm als wahr an, was du siehst! Lass alles, was vor deinem inneren Auge abläuft, Wirklichkeit werden. Bewege dich auf der Insel, spüre den Wind, höre den exotischen Vögeln zu und lasse alles auf dich einströmen *als* diese Person. Spürst du, wie wohl sie sich fühlt? Wie frei sie atmet? Wie entspannt sie lächelt? Wie sie es genießt, auf deiner Insel zu sein?

Hast du einen Unterschied zwischen den beiden Übungen festgestellt?

Lass uns noch ein Stück weitergehen! Denke dir eine Geschichte mit einem zentralen „Lebenswunsch" für deine Fantasiefigur aus. Wünsche dir zum Beispiel, dass du (als diese Fantasiefigur) die Insel erobern möchtest und der König oder die Königin der Insel werden willst. Und nimm diesen Wunsch – als diese Person – sehr ernst. Geh tief in das, was nun geschieht, glaube dem Geschehen und bemühe dich, dem Ganzen immer mehr zuzuschauen. Fühle als diese Person, schaue als diese Person, denke als diese Person und vor allem: Lasse den Dingen ihren Lauf. Akzeptiere, dass andere Personen auftauchen und Dinge tun, die du vielleicht nicht erwartet hast. Und lass dich als diese Person voll und ganz von deinem zentralen Wunsch leiten.

Je intensiver die Identifikation mit der Figur in deiner Fantasiewelt ist, und je intensiver dein Glaube an sie ist, desto intensiver wird deine Wahrnehmung. Bis du sie selbst für real hältst! Und damit möglicherweise die Spur eines Zweifels in dir auftaucht: Welche Welt ist nun tatsächlich real?

Du kannst also Welten erschaffen – beliebig viele Welten. Und *deren* Realität hängt möglicherweise nur von deiner Identifizierung damit ab!

Eine Besucherin von mir schilderte das folgendermaßen:

Der erste Abend meines Aufenthaltes verlief ruhig, da ich durch massiven Schlafmangel einfach zu müde war, um mich auf

Hermanns Worte zu konzentrieren. Als ich zu Bett ging, hatte ich nur noch ganz vage in Erinnerung, dass er versucht hatte, mich in eine Vorstellungswelt zu „entführen. Er hatte mir dadurch zeigen wollen, dass nicht „ich" es bin, die wahrnimmt, sondern „etwas" anderes.
Seine Worte hatten mich offenbar tiefer berührt, als es mir bewusst war, denn während des Einschlafens konnte ich exakt das beobachten, was bei der „Übung" nicht geklappt hatte: Ich schlief noch nicht, und doch tauchten Bilder vor meinem geistigen Auge auf. Ich ließ mich auf sie ein und konnte deutlich bemerken, dass ich – während ich mich in der Traumwelt befand – meinen Körper und die Person, von der ich immer gedacht hatte, dass sie es ist, die einen Traum träumt und auch wahrnimmt, vollkommen vergessen hatte. Ich konnte gewissermaßen hin- und herspringen zwischen der Traumwelt und der „realen" Welt, und immer wenn ich mich in einer von beiden befand, hatte ich die andere vergessen.
Aber wie konnte das sein? Wie konnte ich einen Traum wahrnehmen und dabei die träumende Person völlig vergessen haben? Und doch war es so. Viele Male sprang ich von einer „Welt" in die andere und beobachtete dabei immer wieder dieses seltsame Phänomen. Wobei es ja vielleicht gar kein seltsames Phänomen war, möglicherweise war es schon immer so gewesen, mir nur noch nie aufgefallen. Welches „Ich" war also nun mein „wirkliches" Ich? Das, das hier im Bett lag, oder das, das in der Traumwelt unterwegs war? Fest stand nur, dass beide Welten wahrgenommen wurden. Und zwar völlig unabhängig von meiner Person.

So lange wir glauben, eine Person in dieser Welt zu sein, und so lange wir diese Welt für real halten, erscheinen uns sowohl die Traumwelt als auch unsere Fantasiewelten als unreal. Erst wenn wir anfangen, an der Realität dieser

Welt zu zweifeln, können wir überhaupt beginnen, die Wahrheit von der Unwahrheit zu trennen.

1.
„Zu Anfang war diese Welt allein Atman [Das Selbst];
es war nichts andres da, die Augen aufzuschlagen.
Er wog: 'Ich will Welten schaffen!'“

2.
„Da schuf er diese Welten:
die Flut, die Lichträume, das Tote, die Wasser.
Jenes ist die Flut, jenseits des Himmels;
der Himmel ist ihr Boden. —
Die Lichträume sind der Luftraum. —
Das Tote ist die Erde. —
Was unter ihr, das sind die Wasser.“

*[Rigveda – Aitareya-Upanishad 1.1]**

* Sechzig Upanishad's des Veda

Ego, Traumego, Tiefschlaf

Im zwölften Kapitel hatten wir festgestellt, dass wir im Traum alles das erleben können, was uns auch im Wachzustand begegnen kann. Zwischen beiden Welten scheint kein großer Unterschied zu bestehen, auch wenn wir gewohnt sind zu denken, dass nur die Welt im Wachzustand real ist – beweisen können wir es nicht. Dass das tägliche Leben beim Aufwachen kontinuierlich wiederzukehren scheint, ist nicht wirklich ein Beweis! Also: Kannst du dich auf deine alten Glaubenssätze noch verlassen? Gewohnheiten müssen nicht richtig sein!

Stell dir einmal vor, du würdest in einem deiner nächtlichen Träume von einem Kamel in die Hand gebissen werden, so dass es schmerzt, und die Hand blutet. Beim Aufwachen sind die Schmerzen „natürlich" weg, und die Hand blutet auch nicht mehr. Doch nun verletzt du dich beim Aufstehen am Knie. Warum nun schmerzt das Knie nur am Tag? Und warum schmerzt die Hand nur in der Nacht? Und: Warum hast du im Tiefschlaf überhaupt keine Schmerzen? Wie ist das möglich, wenn du eine reale Person bist? Müsste dann nicht das Knie zumindest auch im Traum schmerzen? Und wieso scheinen all die Dinge im Traum nur im Traum eine Bedeutung zu haben und die Dinge im Leben nur im Leben? Gut: Es gibt wohl eine Verbindung – manche Traumerlebnisse beziehen sich auf das Leben im Wachzustand und vielleicht auch umgekehrt –, und trotzdem gehen Traum und Wachzustand nur in den seltensten Fällen Hand in Hand!

Kann es sein, dass du vielleicht gar nicht derjenige bist,

der du tagsüber zu sein scheinst? Im Traum glaubst du ja auch felsenfest, dass du diese Traumfigur *bist*, obwohl alles nur ein Spiel in deinem Verstand ist! In wessen Verstand eigentlich? Im Verstand der Person, die du jetzt, im Wachzustand, bist oder ...? Vielleicht bist du ja so etwas wie ein träumender Geist, der mal eine „reale" Welt, mal eine Traumwelt und manchmal sogar eine Fantasiewelt erschafft. Vielleicht vergisst du in der jeweiligen Welt bloß deine mögliche „Geisthaftigkeit"!

Ein Argument, das dafür sprechen könnte: Ist dir aufgefallen, dass dein Wachego nicht das gleiche Ego sein muss wie dein Traumego? In beiden Fällen sagst oder denkst du „ich". Aber empfinden die beiden tatsächlich das Gleiche? Haben sie die gleichen Wünsche? Die gleichen Sehnsüchte? Die gleichen Sorgen? Die gleichen Interessen und Bedürfnisse? Und: Wo ist dein Traumego hingegangen, wenn du im Tiefschlaf bist? Und wo ist dein Wachego hingegangen, wenn du im Tiefschlaf bist? Weg! Spurlos verschwunden! Beide – einfach so!

Und doch: Wenn du am Morgen aufwachst, weißt du, dass du existiert hast. Aber wer hat nun die ganze Zeit existiert? Dein Wachego, dein Traumego oder du? Vielleicht *nur* du? Aber wer bist du dann, wenn Wach- und Traumego wechseln und nur zeitweise da sind? *Wer* ist derjenige, der das Gefühl hat, er würde immer existieren? Bist du dir jetzt immer noch sicher zu wissen, wer oder was du wirklich bist?

Je mehr wir die Phänomene Leben und Traum vergleichen und dabei den Tiefschlaf mit einbeziehen, je mehr wir all die vorgefertigten Meinungen außer Acht lassen, desto klarer wird, dass wir nicht wirklich wissen können, was oder wer wir sind. Das unmittelbare, vertraute Gefühl einer eigenen Existenz werden wir dabei nicht verlieren, aber es mutet schon merkwürdig an, dass wir den Traum genauso intensiv und real erleben wie das tägliche Leben. Und doch wissen wir ganz genau, dass der Traum nur eine Vorstellung ist. Denn beim Aufwachen ist alles wieder vorbei. Illusion, unwichtig! Wenn wir Glück haben, erinnern wir uns noch kurz an den Traum, bevor auch die Erinnerung sich in Luft auflöst. Könnte es sein, dass sich das Traumego mit seinem eigenen Traumverstand und das Wachego mit seinem eigenen Wachverstand nach dem Aufwachen kurzzeitig berühren? Und dass mit dem Erlöschen des Traumegos auch die Erinnerung an den jeweiligen Traum erlischt? Was also ist dann Wirklichkeit, und was ist Traum? Was ist wahr, und was ist unwahr? Und wer oder was ist es, das das Gefühl einer ununterbrochenen Existenz hat – tagsüber *und* im Traum? Wer ist es, der das alles erfährt?

„Alle Dinge, die der Erfahrende wahrnimmt – im Wachzustand wie im Traum – sind von seinem eigenen Denkorgan erschaffen."

*[Çañkara]**

* Das Kleinod der Unterscheidung

*„Wenn einer so eingeschlafen ist ganz und gar und völlig zur Ruhe gekommen, daß er kein Traumbild erkennt, das ist das Selbst ...
das ist das Unsterbliche, das Furchtlose,
das ist das Brahman (das Absolute)."*

*[Samaveda – Chandogya-Upanishad 8,11,1]**

* Sechzig Upanishad's des Veda

Wie groß ist die Welt?

Kommen wir nun zu einer Frage, bei der du möglicherweise an meinem Verstand zweifeln wirst – und dann vielleicht sogar auch an deinem! Ich frage dich nämlich: Ist die Welt so groß, wie du glaubst? So riesig? Scheinbar unendlich? Woher weißt du das? Berufst du dich dabei auf das Wissen renommierter Wissenschaftler, die herausgefunden haben, dass es in einer Entfernung von Milliarden von Kilometern immer noch Sterne gibt und Galaxien? Hast du die Landung amerikanischer Astronauten auf dem Mond im Fernsehen gesehen? Und die Sonnenfinsternis vor einigen Jahren? Ja, es scheint so auszusehen, als wäre das Universum unendlich groß! Aber stimmt das wirklich? „Ich kann es doch sehen, wenn ich nachts in den Himmel schaue!" – wirst du vermutlich antworten, und ich muss zugeben, dass deine Antwort plausibel klingt. Aber ist sie das *wirklich*? Vielleicht sitzt du ja auch nur einer Fata Morgana auf! Lass uns das einmal näher betrachten:

Wenn du in einem Planetarium das Bild des Himmels durch eine 3D-Brille betrachtest, wirken die Sterne ebenfalls weit entfernt, aber sie sind es nicht! Oder kennst du das Phänomen des Föhns in den Alpen? Oder auch im Norden Japans? Dann erscheinen dir die Berge zum Greifen nahe! Wie also kannst du dir sicher sein, dass deine Empfindung von Entfernungen tatsächlich der Realität entspricht? Könnte Entfernung – und damit die Vorstellung von Raum – nicht auch eine optische Täuschung sein? Eine Illusion?

Eine andere Frage: Gibt es Australien wirklich? „Ja natürlich!", wirst du sagen, und deine Antwort scheint auf den ersten Blick richtig zu sein. Und trotzdem behaupte ich, dass du dir nicht vollkommen sicher sein kannst. Angenommen, du würdest mir gegenüber sitzen, dann wäre alles wirklich, was du jetzt sehen kannst – und ich meine *jetzt:* das Zimmer, in dem wir sitzen, die gegenüberliegende Hauswand, die du durch das Fenster siehst, der Garten vielleicht, der Teppich, die Bilder, mich usw. Das war's. Schon die Annahme, dass hinter der gegenüberliegenden Hauswand tatsächlich ein Haus steht, kannst du nicht beweisen. Wir könnten ja auch in einem Filmstudio sitzen, und du würdest lediglich auf eine Kulisse blicken! Auf ein Potemkinsches Dorf!

Was du also *jetzt* nicht wahrnehmen kannst, kannst du nur vermuten. Hinter der Wand könnte natürlich ein Haus stehen – aber theoretisch auch nicht. Du kannst es, so lange du mit mir in diesem Raum sitzt, nicht wirklich wissen! Du *glaubst* nur zu wissen – weil du dich erinnerst! Weil du vielleicht, als du auf dem Weg zu mir warst, eine Frau gesehen hast, die aus dem Haus gekommen ist. Oder weil du von der Vermutung ausgehst, dass sich hinter Häuserwänden normalerweise immer auch Häuser befinden. Aber dass es sich tatsächlich auch in diesem Fall, in diesem Moment so verhält – dafür hast du keinen Beweis.

Und du hast auch keinerlei Beweis dafür, dass Australien *in diesem Moment* existiert. Du könntest hinfliegen und dich vergewissern, aber dann wäre nur noch Australien – oder das, was du von ihm siehst –, vor deinen Augen und Europa lediglich eine Erinnerung!

Nun könnte es der Zufall wollen, dass du ein Fernsehprogramm einstellst, auf dem gerade eine Live-Sendung aus Australien übertragen wird. „Australien existiert!" –

würdest du triumphieren. Und ich würde entgegnen: „Alles was du *jetzt* wahrnimmst, ist ein bewegtes Bild auf dem Monitor, das *vorgibt*, Australien zu sein!"

Lass uns an dieser Stelle noch einmal in die Traumwelt gehen und stelle dir vor, in einem deiner nächtlichen Träume sitzt du in einer Bar. Du siehst den Tresen vor dir, ein Regal mit Flaschen und Gläsern, ein paar Menschen auf Barhockern, die vor ihren Drinks sitzen, vielleicht eine Tanzfläche, eine Tür. Du hörst Musik aus den Boxen und nimmst das Gemurmel der Gäste wahr. Hast du im Traum tatsächlich den Eindruck, dass draußen, außerhalb der Bar, in der du dich gerade befindest, eine Welt ist? Nein! Und genau das meine ich! Im Traum nimmst du nur das Gegenwärtige wahr. Du denkst nicht an eine Vergangenheit. Und so ist deine Traumwelt klein. Wenn in deinen Träumen die Bilder wechseln, so passiert das augenblicklich. Eben noch warst du in der Bar, und von einem Moment auf den anderen befindest du dich vielleicht an einem Strand in Italien. Du siehst das Meer vor dir, den Himmel, und jeglicher Gedanke an die Bar zuvor ist verschwunden. Du fragst dich nicht, wie du da jetzt plötzlich hingekommen bist, ob China existiert oder wie es den Pinguinen am Südpol geht – du bist einfach in Italien. Warum ist das so? Weil du im Traum immer nur im Moment bist! Und wo es keine Vergangenheit gibt, gibt es zwar Gedanken und Emotionen, aber keine Denkprozesse mehr. Damit reduziert sich die Welt auf das, was unmittelbar um dich ist. Sie wird überschaubar.

Auch im Wachzustand ist das Universum nur so groß, wie du es gedanklich erschaffst. Und wenn du glaubst, dass die Erinnerung genauso real ist wie die Gegenwart, wird es riesig und kompliziert werden. Dabei ist das Universum vielleicht nur in deinem Verstand und deswegen auch nur so groß, wie du es dir vorstellst. Genau wie dein nächtliches Traumuniversum! Weil es vielleicht genau so illusionär ist wie dein nächtlicher Traum!

Habe ich dir mit dieser Geschichte nur einen Bären aufgebunden? Es liegt an dir, deine eigene Wahrheit zu finden. Aber nimm dich in Acht vor allzu schnellen Schlussfolgerungen! Es könnte ja sein, dass du dich irrst! Wer weiß das schon? Was heute wahr ist, wird vielleicht schon morgen zur Unwahrheit!

„Die Menschen haben sich im Netz der Täuschungen verfangen, das Ihre Göttliche Majestät über sie ausgebreitet hat. Solange sie ihr Selbst nicht kennen, müssen sie leiden. Tatsächlich – im Licht der Wahrheit – ist ihr Schmerz bedeutungslos."

*[Tripura Rahasya]**

* Die geheime Botschaft der Göttin Tripura

16 Zeit

Nachdem wir unser Raumempfinden infrage gestellt haben, beschäftigen wir uns nun mit unserem Zeitempfinden: Auch hier steht zu vermuten, dass es durchaus nicht so „real“ oder „objektiv“ ist wie die Uhrzeit. Zwar hat alles, was wir wahrnehmen, eine räumliche und zeitliche Dimension, doch wie wir diese Dimension empfinden, hängt von unterschiedlichsten Faktoren ab. Bei einer Zahnarztbehandlung werden die Sekunden zur Ewigkeit, und bei Ereignissen, die uns riesigen Spaß machen, fliegen die Stunden nur so dahin. Manche Tage und Wochen sind uns zu lang, wenn wir zum Beispiel sehnsüchtig auf etwas warten, andere sind uns zu kurz, wenn wir unter Zeitdruck stehen oder etwas Unangenehmes vorhaben. Obwohl Albert Einstein und andere Wissenschaftler errechnet haben, dass Zeit und Raum sich nicht linear ausdehnen, „krümmen“ sich die beiden Dimensionen zuallererst in unserem Empfinden.

Und trotzdem sind wir es gewohnt, in den Dimensionen von Raum und Zeit zu denken, wir können gar nicht anders. Unser Denkvermögen benötigt beides als Gerüst, in das es seine Gedanken „spinnt“. „Gestern“, „vorgestern“, „letzter Monat“, „vergangenes Jahr“ oder „vergangene Jahrzehnte“ sind für den Verstand eindeutige Ordnungskategorien. Sind wenigstens *sie* „real“?

Die moderne Neurophysiologie hat entdeckt, dass unser Gehirn nicht in der Lage ist, zwischen vorgestellten und tatsächlich eingetretenen Ereignissen der Vergangenheit zu unterscheiden – es gibt keinen separaten Platz in unserem Gehirn, in dem nur das eine oder nur das andere abgespeichert wird. Und damit lass uns jetzt spielen: Stell dir vor, du würdest gerade ein Flugzeug fliegen. Und nun transferiere diesen Gedanken ins Gestern. Stell dir also vor, du hättest den Gedanken „ich fliege ein Flugzeug" gestern gedacht. Nimm diese Vorstellung ernst! So ernst du nur kannst! Bis du tatsächlich überzeugt davon bist, gestern den Gedanken gehabt zu haben, ein Flugzeug zu fliegen.

Was zeigt dir das? Was ist deine Erinnerung – deine Vergangenheit also – noch wert, wenn dein Gedächtnis derartig manipulierbar ist? Wenn du dir alles – tatsächlich alles – als „wirklich geschehen" einreden kannst? Was ist dann deine Biografie noch wert? Könnte es nicht sein, dass *alle* Gedanken im *Jetzt* gedacht werden? Dass du lediglich *glaubst*, sie kämen aus der Erinnerung? Und dass du auf diese Weise die Vergangenheit erst erschaffst? Vielleicht ist die Vergangenheit ja nur eine Illusion im ewigen *Jetzt*! Dann wäre auch „Erinnerung" nur ein Gedanke, dem du im Jetzt die Aufschrift „Erinnerung" verpasst! Kannst du so eine Idee wirklich ausschließen?

Stell dir vor, du würdest träumen, dass du einer anderen Traumperson sagst, sie solle endlich die leeren Flaschen wegbringen – schließlich habe sie das schon gestern versprochen. Dabei hat es während deines Traums nie ein Gestern gegeben! Deine Traumerinnerung war also eine reine Illusion. Und doch: Während des Traums war sie vollkommen real für dich, bzw. für dein Traumego.

Wenn also Vergangenheit eine Illusion wäre – könnte dann nicht auch Zeit eine Illusion sein, auf die wir jeden Augenblick erneut hereinfallen, wenn wir uns und die Welt wahrnehmen?

17 Reines Sein ist immer gleich

Wenn wir uns aus der Sklaverei unserer Vergangenheits- und Zukunftsvorstellungen befreien und begreifen, dass wir tatsächlich nur im Hier und Jetzt leben, passiert etwas Wunderbares: Wir erfahren den denkfreien Zustand, in dem wir ausschließlich „sind" – ohne jede interpretierende Vorstellung von uns und der Welt. Dieser absolut sorgenfreie und sich damit leicht und glücklich anzufühlende Zustand, in dem sich – wenn anfangs auch nur für kurze Momente – die Illusion aufgelöst hat, eine Person zu sein, wird oft als „reines Sein", als „Ich bin" oder auch als „Ich existiere" bezeichnet.

Bist du in dem Moment „entrückt"? Im Gegenteil! Es ist dein natürlicher Zustand! Er ist immer mit dir, du hast ihn nie verloren, er war nie verschwunden. Dein ständiges Denken hat ihn lediglich vernebelt, und nun reißen die Nebelfetzen auf, und du kannst erkennen, wer oder besser: was du wirklich bist.

Immer wieder erlebst du diesen Zustand des „Ich bin", und du genießt ihn jedes Mal, doch erkennst du ihn als das, was er ist? Zum Beispiel am Morgen, unmittelbar nach dem Aufwachen: Für einen kurzen Augenblick, während du schon wach bist, dein Verstand aber noch „schläft", befindest du dich einen kurzen Moment lang im reinen Sein – du *bist* das reine Sein, die reine, freie Existenz, das „Ich bin (nur)". In diesem Augenblick nimmst du noch keine Welt wahr, weil es noch keine Gedanken gibt, die sie erschaffen haben. Erst unmittelbar danach überfallen dich die Gedanken, und mit ihnen erscheint die Welt und dein Ego-Gefühl im Bruchteil einer Sekunde. Erinnerst du dich an diesen Moment?

Wenn nicht, hilft dir vielleicht die Erinnerung an eine Erkältung auf die Sprünge, die abends aufgekommen war. Keiner liebt Erkältungen, und so wirst auch du mit der Hoffnung eingeschlafen sein, dass der Infekt am nächsten Morgen vorbei wäre. Unmittelbar beim Aufwachen hattest du dann tatsächlich das erleichternde Gefühl, du wärest gesund. Doch im nächsten Moment fiel dir auf, dass die Erkältung dich doch erwischt hatte! Kennst du das? Dieser erste kurze Moment beim Aufwachen, in dem du dich noch gesund und frei gefühlt hattest, ist das reine Sein – frei von dieser Welt, dem Ego, frei von Gedanken und dem körperlichen Empfinden!

Der ursprüngliche Zweck fast aller Meditationsarten ist das Erreichen genau dieses Zustandes. Beispielsweise das Beobachten der Gedanken – eine Übung, die ich dir hiermit noch einmal ans Herz lege: Betrachte in aller Ruhe, wie ein Gedanke kommt und weiter zieht. Wie der nächste Gedanke kommt und weiter zieht. Und dann richte deine Aufmerksamkeit auf die kurzen Momente zwischen dem Abklingen eines Gedankens und dem Aufsteigen des nächsten. Auch hier ist „reines Sein“. Spüre es, und dehne den kurzen Moment aus, bis er für dich „greifbar“ wird. Er ist das Tor, das dich zur Unendlichkeit deines wahren Wesens führt.

Der Zustand des reinen Seins, dieses „Ich bin (nur)“ ist dem Gefühl einer ewigen Existenz ähnlich und beinhaltet keinerlei persönliches Empfinden – weder fühlst du dich als Mann noch als Frau, weder als jung noch als alt, kurz: weder als dies noch als das. Es wird von keinerlei Umständen und Stimmungen beeinflusst und hat sich daher dein ganzes Leben lang nie verändert.

Unser Ego dagegen definiert sich ständig neu.

„Der Mensch ist reiner Geist und frei von Bindung.
Nur sein Denkorgan täuscht ihn …
Es gibt ihm Gedanken ein von Ich und mein.
Es lässt ihn endlos umherstreifen unter den
Auswirkungen der Handlungen, die es verursacht hat."
*[Çañkara]**

* Das Kleinod der Unterscheidung

„Würdet ihr nur lernen, einen Zustand des Nicht-Denkens zu erlangen, dann würde sofort die Kette von Ursache und Wirkung abbrechen. Gebt diese irrtümlichen Gedanken auf, die zu falschen Unterscheidungen führen. Es gibt kein 'Selbst' und kein 'Anderes'. Es gibt keinen 'falschen Wunsch' und keinen 'Ärger', keinen 'Hass', keine 'Liebe', keinen 'Sieg', keine 'Niederlage'. Verzichtet nur auf den Irrtum der gedanklichen oder begrifflichen Denkvorgänge, und eure Natur wird ihre ursprüngliche Reinheit ausstrahlen. Dies allein ist der Weg der Erleuchtung."

*[Huang-Po]**

* Die Zen-Lehre des chinesischen Meisters Huang-Po

13 Was suchst du also?

Nach all unseren Überlegungen in den vorangegangenen Kapiteln frage ich dich nun erneut: „Was suchst du?" Wenn du die Antwort darauf nicht weißt – vielleicht noch weniger als vorher – ist das gut, denn es zeigt, dass deine Überzeugungen an „Festigkeit" verloren haben.

Erinnere dich bitte an das Zitat von *Sri Nisargadatta Maharaj* im ersten Kapitel:

„Alles, was du weißt, weißt du nur vom Hörensagen.
Alles, was du über dich selbst weißt, kam von außen.
Lass es los!"

*[Sri Nisargadatta Maharaj]**

Er verneint damit alles, was du über dich und die Welt weißt. Alles! Wirklich alles! Und er hat gute Gründe, unser gesamtes Wissen anzuzweifeln, denn:

- Gibt es überhaupt einen rationalen Grund für die Suche? Hat dich nicht all das, was du bislang für ihre Ursache hieltest, nur getäuscht oder in die Irre geführt?
- Kannst du das Ziel deiner Suche tatsächlich mit Hilfe des Denkens finden? Kannst du durch Denken überhaupt etwas finden?
- Sind deine Gedanken wirklich *deine* Gedanken oder überfallen sie dich lediglich und gaukeln dir vor, *du*

* Ich bin dieses Eine

würdest sie denken?

- Steuerst *du* deine Gedanken oder werden sie durch etwas gesteuert, worauf du keinen Einfluss hast? Ist dein Denken vielleicht überflüssig?
- Sind deine Wünsche und Sorgen nicht lediglich Anhaftungen an Gedanken, die sich selbständig fortpflanzen? Kannst du sie wirklich kontrollieren?
- Kannst du das Ziel deiner Aufmerksamkeit frei wählen? Oder ist das nur eine Illusion, die dir das Gefühl von Freiheit gibt?
- Hast du überhaupt einen freien Willen?
- Bist du vielleicht nichts anderes als der Beobachter der Gedanken und all ihrer Auswirkungen?
- Fühlt sich das Leben ohne Wünsche und Sorgen zwar besser und freier an – aber möglicherweise auch langweiliger?
- Könnte diese Welt nicht eine Fantasiewelt sein?
- Ist dieses Leben vielleicht nur ein Traum?
- Was ist das für ein „Ich“, das im Tiefschlaf verschwindet?
- Was ist das für eine Welt, die beim Einschlafen erlischt?
- Ist das Universum nur so groß, wie wir es uns vorstellen?
- Sind deine Vorstellungen von Raum und Zeit vielleicht nur eine Illusion?
- Ist deine Vergangenheit möglicherweise auch unreal? Und deine Erinnerungen auch?
- Bist du, der du wirklich bist, vielleicht unwandelbar und somit ewig?

Was also *weißt* du jetzt noch? Wessen kannst du dir noch sicher sein? Was ist wahr, was ist unwahr? Was also suchst du wirklich?

Wenn du genau hinsiehst, wirst du etwas Verrücktes feststellen: Dein Verstand wird niemals erfassen, warum du suchst und was du suchst. Die Suche kam aus dem Nichts, sie ist völlig ohne Ursache. Sie überfiel dich einfach! Und dein Verstand kreierte aus Unverständnis sofort „logische“ und „vernünftige“ Erklärungen, warum du dich nicht wohl fühltest und nach einem neuen Zustand zu suchen hattest. Ursachen zu erfinden, wo es keine gibt, ist seine Spezialität!

Die Suche überfiel dich also, und du wirst sie auch nicht abschütteln können – bis sie zu Ende ist. Aber wann ist sie zu Ende? Dann, wenn du aufhörst, zu suchen. Wiederum aber bist du nicht der Herr der Suche. Erkenne einfach, dass du nichts wirklich „wissen“ kannst, da alles Wissen nur den Verstand befriedigt. Der Verstand aber muss außen vor gehalten werden. Denn erst im Schweigen des Verstandes, im Beenden des strebenden Denkens also, kannst du das wahre Ziel der Suche erkennen. Und so gibt es nur eine wahre Bemühung – alles strebende Denken abzuschütteln. Für immer!

„Ich weiß, dass ich nichts weiß.“

[Sokrates]

„Sie verleihen Konzepten Realität, wo doch Konzepte Verzerrungen der Realität sind. Werfen Sie alle Konzepte über Bord und bleiben Sie ruhig und aufmerksam. Seien Sie dabei ehrlich, und alles wird sich zum Guten wenden.“

*[Sri Nisargadatta Maharaj]**

* Ich bin

TEIL ZWEI

EINE NEUE SICHT

„Sie brauchen keine Hilfe, nur Rat.
Was Sie suchen, ist bereits in Ihnen."

*[Sri Nisargadatta Maharaj]**

* Ich bin

19 Zwischen den Zeilen

Was wir suchen, ist also unser wahres Selbst, unsere wahre Natur – etwas also, das mit unserem Verstand nicht zu erfahren ist. Doch selbst wenn wir der Aufforderung nachkommen wollen, den Verstand abzuschalten und denkfrei zu werden, will und will uns das nicht wirklich gelingen. Wie kann das sein? Und wieso machen die Weisen so viele, so unterschiedliche Worte, wenn es doch anscheinend nur um das Schweigen des Verstandes geht?

Bedenken wir: Die Worte der erwachten Meister stammen sowohl aus unterschiedlichen Zeitepochen, als auch aus unterschiedlichen Ländern und Kontinenten. Die Eigenheiten verschiedener Kulturen fließen hier ebenso ein wie deren Ausdrucksweisen. Und die zum Teil erheblich voneinander abweichenden traditionellen Glaubensrichtungen der einzelnen Regionen und Epochen finden ebenso ihren Niederschlag in den Schriften wie die mentale Aufnahmefähigkeit der Zuhörer. Ein Eingeborener Afrikas, der sein Leben lang nur Steppen, Löwen, Zebras, Speere, Lehmhütten und Kuhmist gesehen hat, und der lediglich die Götter seiner Vorfahren kennt, wird, wenn er erwacht, seine Erkenntnisse mit genau diesen Erfahrungen ausdrücken. Für einen Europäer hätten seine Aussagen noch nicht einmal den Anschein von Wahrheit!

Bedenken wir weiterhin, dass auch in den weiten Regionen der alten Länder des Ostens, aus denen die meisten traditionellen Lehren stammen, die Weisen nicht gerade üppig gesät waren. Der durchschnittliche asiatische Landsmann kannte deshalb meist nur einen einzigen Weisen und vertraute seiner Lehre ohne Wenn und Aber. Uns im Westen jedoch steht quasi das gesamte Wissen dieser Welt zur Verfügung. Das mag auf den ersten Blick positiv erscheinen, doch die Menge der angebotenen Informationen erschlägt uns allzu oft. Wir studieren dieses und jenes, orientieren uns mal an dem Einen, mal an dem Anderen, und am Ende verstehen wir oft gar nichts mehr. Weil wir, statt uns auf *einen* Weg zu beschränken, immer wieder nach neuen Informationen und Reizen Ausschau halten.

Denn das ist genau das, was unser Verstand am liebsten tut! Er will in einer Tour neue Denkkonzepte erschaffen – wie die Welt funktioniert, wer ich bin, was ich will usw. Und er würde es partout nicht zulassen, sich diese Konzepte ohne einen passablen und denkbaren Ersatz wegnehmen zu lassen. So reiht sich ein Konzept an das nächste, das eine zerstört das andere, und keines kann im Endeffekt bestehen bleiben, denn: Tatsächlich suchen wir ja den Zustand ohne Denken – ohne Konzepte also –, dieses reine Sein eben.

Um das permanente Schaffen neuer Konzepte zu verhindern, bestehen viele Meister darauf, dass „Stille“ praktiziert wird. Aber wem gelingt das schon? Zudem birgt auch die „Stille“ eine der zahlreichen spirituellen Fallen des Verstandes: Suchende können sich, ohne es bewusst zu registrieren, sehr schnell eine Vorstellung von Stille erschaffen und über Jahre darin schwelgen. Diese Vorstellung aber ist ebenfalls ein Konzept – wenn auch zugegebener Maßen ein sehr friedliches.

Reine Stille jedoch ist *jenseits des Denkens*. Konzepte – auch die in diesem Buch vorgestellten – dienen lediglich dazu, die falschen Vorstellungen von Suchenden zu zerstören und dafür zu sorgen, dass deren Verstand irgendwann kapituliert und damit „stehen“ bleibt. Erst in dem Moment kann die tiefe Wahrheit der Stille, des Nicht-Denkens also, ans Tageslicht kommen.

Aus all diesen Gründen haben die Worte weiser Menschen weniger Bedeutung, als wir ihnen oft beimessen. Es ist nur ein Spiel des Verstandes, die Worte des einen mit den Worten des anderen zu vergleichen, die einen besser oder schlechter als die anderen zu bewerten. Auf diese Weise füttern wir den Verstand mit dem, was ihm gerade passt und stärken ihn so, statt ihn zu schwächen.

Deswegen noch einmal: Der Verstand hat nur eine Funktion: Denken, Denken, Denken! Freiwillig gibt er es nie auf! Er kann gar nicht anders. Das aber, was wir suchen, diese Freiheit vom Denken, diese Stille jenseits des Denkens, ist für den Verstand in keiner Weise fassbar. Er ist für ihn wie ein Griff ins Leere, ins absolut Leere, ins Nichts. Und genau das ist es, was uns so in Verwirrung bringt und leicht auf Irrwege führt – wir versuchen mit dem Denken, mit dem Verstand also, das Nichts, die Leere zu begreifen, die nie und nimmer „begriffen" werden kann!

Auch Dogmen sind nur Konzepte. Wirklich weise Meister erkennen und „bearbeiten" das jeweils aktuelle Gedankenkonzept eines Schülers in einer Weise, die für den *Schüler* wichtig ist – nicht unbedingt für die Allgemeinheit oder gar die Nachwelt. Denn eine Aussage, die für den Schüler an einem Tag richtig war, kann am nächsten Tag bereits überholt sein. Und für einen zweiten Schüler muss sie an beiden Tagen überhaupt nicht gegolten haben! Da die Bücher der Weisen meist Niederschriften von Gesprächen mit Schülern sind, tauchen deswegen nicht selten Widersprüche auf. Sie müssen durchaus nicht die Klarheit eines Weisen infrage stellen, im Gegenteil: Oft sind sie Ausdruck seiner Flexibilität, wenn er auf einen Schüler zugeht. Doch für das Produzieren von „Lehrmeinungen" oder

„Dogmen“ oder „absoluten“ Wahrheiten sind sie denkbar ungeeignet und verwirren eher, als dass sie Klarheit bringen.

Und so scheint die Verwirrung unter den Suchenden eher zu- als abzunehmen. Viele hängen in ihren Büchern fest, greifen einzelne Gedanken auf, lassen sie wieder fallen und erheben Konzepte zu Dogmen, ohne zu ahnen, dass sie nur der Befriedigung des Verstandes dienen und deswegen wieder aufgegeben werden müssen.

Die Wahrheit aber, die wir suchen, schlängelt sich trotzdem, unbemerkt vom Verstand, zwischen den Zeilen und Worten unaufhaltsam in das „Innere“ eines Suchenden und wird zu gegebener Zeit Früchte tragen. Wer einmal vom Unbekannten auf die Suche geschickt wurde, wird die Suche zu Ende bringen müssen – früher oder später. Keine Macht der Welt kann das verhindern. Aber auch keine Macht der Welt kann es beschleunigen. Alles fließt mit dem „Tao“.

„So sprach jüngst ich zum Greis, dem Verstand:
'Mach ein Wort mir vom Weltgeheimnis bekannt!'
Leise, leise gab er mir Antwort ins Ohr:
'Schweige! Erfahren wird´s,
nicht mit Worten benannt!'“

*[Rumi]**

* Traumbild des Herzens

20 Vertrauen und der Guru

Tatsächlich gibt es nur einen einzigen Guru, der uns das Leben lehren und uns den Weg „nach Hause" zeigen kann – und das ist das Leben selbst. Wir können aus jeder Situation im Leben lernen. Und irgendwann werden wir erkennen, dass wir in einem gewissen Sinn das Leben selbst sind. Tatsächlich richtet sich dein Universum nach deinen Gedanken aus, auch wenn du dir dessen nicht bewusst bist. Wann immer du nach Hilfe rufst, wird ein „Guru" kommen und dir seine Hilfe anbieten, ob nun in Form eines Weisen, Nachbarn, Straßenhändlers oder Freundes. Wir aber sind so in unsere persönlichen Wünsche und Vorstellungen verstrickt und dadurch so wenig bereit, das Leben in der Form, wie es uns entgegen tritt, zu akzeptieren, dass wir diese universelle Hilfe nicht wahrnehmen. Erst wenn wir in der Lage sind, all unsere im Grunde unbedeutenden, egoistischen Bedürfnisse und Interessen auf die Seite zu legen, wenn wir Vertrauen in das Leben entwickeln, werden wir diese ständige Hilfe und Führung überall erkennen. Stattdessen suchen wir nach einem ganz bestimmten Guru und glauben, er müsste eine Person sein, die sich nach unserem Geschmack und nach unseren Vorstellungen benimmt – der denkt, wie ein Guru unserer Ansicht nach zu denken hat, der auftritt, wie ein Weiser aufzutreten hat, und der so „verinnerlicht" ist, als wäre er nicht von dieser Welt, so dass wir ihn auf der Stelle als „Autorität" anerkennen. Doch bei der Suche nach einem solchen Menschen entziehen wir der Welt unsere Aufmerksamkeit und übersehen die tieferen Wahrheiten, die uns das Leben in jedem Augenblick bietet. Das Leben, wie es wirklich ist, geht an uns vorbei.

„Guru“ ist ein altes Sanskritwort und bedeutet: „Das, was die spirituelle Dunkelheit vertreibt“. Und in den alten indischen Schriften steht der Sat-Guru, der „innere“ Guru, an oberster Stelle. Er ist das Leben selbst – *ES*. Dieses *ES*, das Unbekannte, formt die Außenwelt entsprechend unserer Vorstellungen. Wenn du wirklich erwachen willst, wird der Sat-Guru in dir dafür sorgen, dass ein Guru im Äußeren auftaucht. Das mag ein Stein sein, über den du im richtigen Moment stolperst und dabei vielleicht erwachen wirst, ein chinesischer Schmetterling, ein Mensch, ein Buch oder auch ein Weiser. Du brauchst noch nicht einmal zu suchen. Dein inniger Wunsch, *erwachen* zu wollen, reicht aus, zu jeder Zeit das erscheinen zu lassen, „was die spirituelle Dunkelheit vertreibt“.

Sind verwirklichte Lehrer dann für dein Erwachen völlig überflüssig? Ganz sicher nicht, doch konzentriere deine Aufmerksamkeit nicht auf die Suche nach ihnen! Und: Vertraue, wenn du einen Weisen zum Lehrer gewählt hast!

Angenommen, du leidest unter einem Ausschlag, gehst zu einem Arzt, und der erklärt dir, der Ausschlag sei harmlos und in drei Wochen wieder verschwunden. Wenn du dem Arzt und seiner Fachkenntnis vertraust, wirst du beruhigt sein und dich nicht mehr sonderlich um den Ausschlag kümmern. Was aber, wenn du kein Vertrauen hast? Dann würdest du dich weiterhin mit deinem Leiden beschäftigen und dich in die Befürchtung hineinsteigern, es könnte sich um eine ernsthafte Krankheit handeln.

Nicht anders ist es mit dem Vertrauen, wenn es um das Erwachen geht. Wenn du einen Guru gefunden hast, dann vertraue ihm!

Erst wenn du ihn bedingungslos annehmen kannst, sein

Wissen und seine Hilfe uneingeschränkt nutzt – selbst dann, wenn dir seine Anweisungen nicht sogleich einleuchten – kann er dich zu deinem wahren Wesen führen. Je größer dein Vertrauen zu dem Lehrer, desto schneller wirst du die Geheimnisse, die er dir offenbart, verstehen können.

Was aber, wenn du bei einem Lehrer tatsächlich keine Fortschritte machst? Dann zögere nicht, nach einem neuen Lehrer Ausschau zu halten! Damit möchte ich dir aber nicht raten, zu einem „Satsang-Touristen" (*Satsang: Gespräche mit Weisen*) zu werden. Das ist für mich einer, der immer nur dahin rennt, wo er sich „sonnen" kann. Er übersieht dabei, dass gerade die Schattenseiten die Geheimnisse des Lebens offenbaren!

Das Vertrauen in einen Lehrer kommt als intuitives Gefühl zu dir. Und das ist stärker als bloße Sympathie! Es behauptet sich oft sogar gegen den Protest deines Verstandes! Einer meiner Schüler hatte anfangs regelrecht Schwerter in meinen Vorgarten geschleudert, bis seine Projektionen zum Erliegen kamen und er mir zuhören konnte. Wann immer dir ein Lehrer lediglich „interessant" vorkommt, wird dein Interesse irgendwann erlahmen. Mir ging es einige Male so. Ich hatte Lehrern vertraut, weil ihre Erklärungen gerade in mein jeweiliges Weltbild passten, oder weil sie mir die Erfüllung meiner irdischen Wünsche versprachen. Aber es hielt mich nicht lange bei ihnen. Als ich dagegen mit den Aussagen von *Sri Nisargadatta Maharaj* in Berührung kam, sprangen mich seine Worte geradezu an, und ich war innerhalb von Minuten in seinem Bann. Nun wusste ich, was „Vertrauen" tatsächlich bedeutete. Es gab nichts, was ich bei ihm in Frage stellte, und so gelangte ich innerhalb von nur eineinhalb Jahren zur Verwirklichung.

„Für den Anfang vertrauen Sie mir, vertrauen Sie dem Lehrer. Das ermöglicht Ihnen den ersten Schritt, der das Vertrauen durch Ihre eigene Erfahrung rechtfertigt. In jeder Lebenslage bedarf es eines anfänglichen Vertrauens, nichts kann ohne es passieren. Jede Tat ist ein Akt von Vertrauen. Sogar Ihr tägliches Brot essen Sie mit Vertrauen!“

*[Sri Nisargadatta Maharaj]**

* Ich bin

21 Das Kind im Schlammloch

Ein Kind war beim Spielen in ein Schlammloch gefallen. Nachdem es wieder aufgestanden war und sich von dem Schreck erholt hatte, bemerkte es, dass sein Körper von oben bis unten mit Schlamm bedeckt war. Es wusch ihn aber nicht ab, sondern ließ ihn antrocknen. Erst als es sich im Spiegel betrachtete, sah es, wie hässlich es geworden war. Das Kind war ratlos und schämte sich fürchterlich. Doch seine Eltern rieten ihm, es solle sich eine schöne Farbschicht auftragen. Das half. Aber mit der Zeit empfand sich das Kind wieder als hässlich. Und so trug es eine Farbschicht nach der anderen auf, und die Hülle wurde schwerer und schwerer. Als die Last unerträglich geworden war, begann das Kind zu zweifeln. War dies der richtige Weg, mit der Hässlichkeit fertig zu werden? Nach längerer Suche fand es einen freundlichen Menschen, der ihm sagte, es solle sich doch einfach die Farbschichten wieder abkratzen. Anfangs glaubte es ihm nicht, doch als ihm keine andere Lösung einfiel, folgte es dem Rat und begann, eine Schicht nach der anderen zu entfernen. Es war dabei voller Skrupel, weil es inzwischen glaubte, diese Schichten würden zu ihm gehören. Und deswegen tat das Kratzen manchmal auch gehörig weh! Bis die ursprüngliche angetrocknete Schlammschicht wieder zum Vorschein kam. Und als es auch diese Schicht abgekratzt hatte, erkannte das Kind seine ursprüngliche Schönheit wieder.

Wir sind wie dieses Kind. Die Farbschichten und der Schlamm bestehen aus unseren Vorstellungen, Wünschen und Sorgen über uns und die Welt. Wir nennen dies „Ego".

Als Kinder waren wir frei – unreif zwar, was das weltliche Leben anbelangt, aber frei. Wir haben das Treiben um uns herum beobachtet, und unser Körper reagierte aufgrund der Umstände und seiner angeborenen Natur. Mal mag er geschrieen haben, mal gelacht – aber was in der einen Situation aufkam, ging in der nächsten Situation wieder. Es gab nichts, was da über längere Zeit haften geblieben und zu so etwas wie einem „persönlichen Willen" – einer der Farbschichten also – geworden wäre.

Dieses kindliche Gefühl der Freiheit ist das „reine Sein", das „Ich bin (nur)", frei vom Denken aus der Vergangenheit heraus in die Zukunft hinein und frei davon, sich als getrenntes Einzelwesen zu fühlen. Erst im fünften oder sechsten Lebensjahr scheinen Kinder vollends der Illusion zu erliegen, dass sie das sind, was sie waren, was sie geworden sind und was sie sein werden – das Kind ist in das „Schlammloch" gefallen! Die Wünsche und Sorgen werden nun immer mehr auf die eigene Person bezogen. Und mit jedem Wunsch und mit jeder Sorge verfestigt sich das Egokonzept.

Bis der Tag kommt, an dem das Kind die vielen Farbschichten nicht mehr ertragen kann und abzukratzen beginnt. Wie gesagt: Dieses Kind sind wir!

„Es ist Ihre emotionale Bindung, die Ihr Gefangensein andauern lässt. Immer jagen Sie dem Vergnügen hinterher und versuchen, Schmerzen zu vermeiden. Immer suchen Sie das Glück und den Frieden. Sehen Sie nicht, dass es genau diese Suche nach dem Glück ist, die Sie unglücklich sein lässt? Versuchen Sie es andersherum, gleichgültig zu sein gegenüber Leiden und Vergnügen, sie weder zu suchen noch abzulehnen."

*[Sri Nisargadatta Maharaj]**

* Ich bin

22 Der Autopilot

Das Leben ist wie ein Flugzeug, das mit einem Autopiloten fliegt, und wir sind die Passagiere. Wir genießen die Flugeigenschaften der Maschine, aber eines Tages wollen wir den Flug beeinflussen, setzen uns ins Cockpit und versuchen, die Maschine selbst zu steuern. Wenn wir nach rechts steuern, und das Flugzeug fliegt nach rechts, ist für uns alles in Ordnung. Doch wenn es nach links fliegt, kommen wir in Schwierigkeiten.

Wir glauben, keine guten Piloten zu sein und nehmen Flugstunden. Viele „Möchtegern-Fluglehrer" helfen uns dabei, doch je mehr wir lernen, desto mehr zweifeln wir daran, jemals ein guter Flugkapitän zu werden.

Bis ein wahrer Fluglehrer kommt. Er erklärt uns, dass wir das Fliegen gar nicht zu lernen brauchen, weil das Flugzeug ohnehin mit Autopiloten fliegen. Wir sind keine Flugkapitäne – obwohl wir uns hinter den Steuerknüppel setzen und der Illusion erliegen, *wir* würden die Maschine steuern! Dabei sitzen wir noch nicht einmal wirklich im Flugzeug!

Nach dem „Erwachen" kannst du dich immer noch hinter den Steuerknüppel setzen, die Hände darauf legen, frech grinsen und sagen: „Schau her, ich fliege die Maschine!" Aber du weißt, das ist nur Show. Denn schließlich ist dir klar, dass *immer* der Autopilot fliegt. So zu tun, als ob, kann jedoch manchmal einen Riesenspaß machen.

Je klarer wir erkennen, dass dieses Universum ein selbst ablaufender Prozess ist, und dass wir als Person in Wahrheit keinen Einfluss auf die Geschehnisse und ihre Folgen haben, desto weniger verfallen wir der Illusion, wir könnten etwas bewirken. Immer liegt dieser Illusion die gedankliche Vorstellung zu Grunde, etwas müsse anders sein, als es ist. Und wo etwas anders sein soll, als es ist, treten Wünsche und Sorgen auf, die sich selbständig fortspinnen, und in die wir uns immer mehr verwickeln. Wie ein Hamster im Rad strampeln wir uns ab, um etwas zu erreichen und glauben tatsächlich – trotz aller gegenteiligen Erfahrungen –, dass wir mit jedem Schritt weiterkämen, dass also unser Handeln unser Leben bestimmt. Dabei brauchen wir unser Leben lediglich so zu akzeptieren, wie es ist, und der ganze Rattenschwanz an Wünschen und Zielen, wie es zu sein oder zu werden hätte, würde abfallen.

Im Chinesischen gibt es den Begriff, *Wu-Wei*, der in der Regel mit „Handeln durch Nicht-Handeln" oder auch „Untätigkeit" übersetzt wird. Gemeint ist die Untätigkeit des Denkens und des Wünschens, das Beenden des Strebens.

Es gibt viele Beispiele dafür. Eine Situation habe ich auf einer Hochzeitsfeier erlebt: Allen Anwesenden wurden Geschenkgutscheine für die angrenzende Spielbank überreicht, und so marschierten wir nach dem Hochzeitsmahl in das Kasino, um die Gutscheine einzulösen. Jeder hatte natürlich den Wunsch zu gewinnen und verfolgte deswegen fieberhaft den Lauf der Kugel. Das Ergebnis: Der eingesetzte Betrag ging verloren. Lediglich das verliebte Brautpaar interessierte sich mehr für sich als für den Roulettetisch. Sie setzten den Chip auf irgendeine Zahl und hatten sie im nächsten Moment wieder vergessen. Doch auf diese Zahl fiel die Kugel! Und genau das ist *Wu-Wei*: Wenn kein Wünschen da ist, kein strebendes Denken, „arbeitet" das Leben für uns.

„Würdest Du jetzt üben, deine Gedanken bewegungslos zu jeder Zeit zu bewahren, sei es beim Gehen, Sitzen oder Liegen, und dich vollkommen auf das Ziel konzentrieren, keine Gedanken, keine Dualität zu schaffen, nicht auf andere zu vertrauen, an nichts zu haften, einfach den Dingen den ganzen Tag hindurch ihren Lauf lassen, als seiest du zu krank, dich um sie zu kümmern, der Welt unbekannt, zu unwissend, um andere zu lehren was nötig oder nicht nötig ist, den Geist gefestigt wie ein Felsblock ohne Hohlraum, dann würden alle Dharmas (Gesetze des Seins oder universalen Gesetze) dein Verständnis ganz durchdringen. In kürzester Zeit wärst du an nichts gebunden. Du würdest zum ersten Mal entdecken, dass deine Reaktion den Erscheinungen gegenüber abnehmen, und du würdest endlich die dreifache Welt überschreiten. Dann würden die Menschen sagen, ein Buddha wäre in der Welt erschienen. Reine und leidenschaftslose Erkenntnis (Erleuchtung) bedeutet ein Beenden des unaufhörlichen Flusses der Gedanken und Bilder."

*[Huang-Po]**

Noch ein Beispiel: Eine Bekannte von mir spielt Golf. Sie erzählte mir, dass die Bälle gut liefen und ihre Schläge funktionierten, wenn sie allein spielt. Sobald sie aber ein Turnier bestritt, wurden die Ergebnisse jedes Mal schlechter. Sie verstand schnell, woran es lag: Weil sie dann nämlich gewinnen, zumindest aber gut abschneiden wollte. *Wu-Wei* überzeugte sie, denn in dem Moment, in dem sie diese Zielorientierung fallen ließ, wurden ihre Turnierergebnisse entschieden besser.

Es geht um das Tun an sich. Sobald das Ego mit im Spiel

* Die Zen-Lehre des chinesischen Meisters Huang-Po

ist – und damit die Vorstellung, was durch eine Handlung passieren soll – stören wir den Fluss des „Tao“, und die Dinge entwickeln sich nicht so, wie sie sich entwickeln könnten. Es ist unser Wollen, unser Denken, das uns Probleme bereitet. Wenn wir uns vom strebenden Denken lösen, erhalten wir vom Universum mehr, als wir uns je erträumen können. Das muss nicht immer das sein, was wir uns gerade wünschen, aber unter dem Strich wird es immer das Beste für uns sein.

„Der tugendhafte Mensch [Wu-Wei] hat Reichtum zu verschenken, doch er weiß nicht, woher er kommt. Er hat mehr als genug zu essen und zu trinken, doch er weiß nicht, wer ihn damit versorgt …“

*[Chuang-Tzu]**

* Reden und Gleichnisse

23 Unsere wahre Natur

Stell dir einen Raum vor, in dem ein Schrank steht. In dem Raum hält sich eine Person auf, die sich beim Betrachten dieses Schrankes unwohl fühlt, und die herausbekommen will, warum das so ist. Was könnte sie tun?

Sie könnte sich an einen Psychoanalytiker wenden, der mit ihr in die Vergangenheit geht, und sie könnte herausfinden, dass der Schrank in dem Raum dem Schrank ihrer verstorbenen Großmutter ähnelt, in dem sie als Kind mehrere Male eingesperrt worden war. Vielleicht ginge es ihr mit dieser Erkenntnis besser.

Oder sie könnte zu einem Therapeuten gehen, der ihr rät, die Angst, die sie beim Betrachten des Schrankes empfindet, zuzulassen und anzuschauen und den Schrank anschließend neu zu lackieren. Auch dann ginge es ihr möglicherweise besser.

Oder sie trifft einen, der ihr einredet, sie müsse erwachen, was in unserem Beispiel dem Verlassen des Raumes gleich käme.

Kann sie den Raum überhaupt verlassen? Nein! In Wirklichkeit nämlich befindet sich außerhalb des Raumes eine zweite Person, die dem Geschehen in dem Raum – durch ein Fenster vielleicht – zusieht und die felsenfest glaubt, *sie* wäre die Person in dem Raum. Sie steigert sich so in den Glauben hinein wie ein Kinobesucher, der in die Rolle einer Filmfigur schlüpft und deren Glück und deren Leid als eigenes Glück und eigenes Leid erlebt. Noch schlimmer, sie glaubt vielleicht sogar, sie könne den Film beeinflussen oder gar steuern!

Nur diese illusionäre Verbindung der Person draußen mit der Person im Raum, die nur aus der falschen Vorstellung besteht, *sie* wäre die Person im Raum, fesselt die Person draußen scheinbar an die Person im Raum. Diese illusionäre Verbindung ist eine falsche und irrtümliche Identifikation und wird Ego genannt.

Würde nun die Person, die sich im Raum befindet, versuchen wollen, den Raum zu verlassen – es ist das, was irrtümlicher Weise als „Erwachen" bezeichnet wird –, würde etwas sehr Merkwürdiges passieren: In diesem Moment würde nicht nur der Raum, sondern auch die Person darin erlöschen. Die Person ist untrennbar an den Raum gebunden und kann ihn deshalb niemals verlassen, das heißt, sie kann niemals erwachen oder erleuchtet werden. Sie erscheint zusammen mit dem Erscheinen des Raums, und sie verschwindet zusammen mit ihm. Deshalb sind alle Aktionen und Praktiken, die von der Person im Raum ausgeübt werden, um zu erwachen, vollkommen illusorisch. Zwar verändern sie ihre Betrachtung des Raumes, so dass sich das Leben innerhalb des Raums durchaus positiver gestalten kann, aber das führt *niemals* zur Befreiung aus diesem Raum. Es gibt keine Befreiung der *Person* aus diesem Raum! Es kann sie gar nicht geben!

Das Einzige, was zu dem führt, was wir Erwachen nennen, ist: Die Person außerhalb des Raumes erkennt, dass sie *nicht* die Person innerhalb des Raumes ist, und dass nur die falsche Vorstellung, die Person im Raum zu sein, das eigentliche Problem darstellt.

Was ich hier als „Person draußen" bezeichne, ist deine wahre Natur. Das bist du! Und du bist keine Person, kein Körper, kein Wesen, keine Seele, kein Gott, und vor allem, kein *Wer* – also kein „*Wer* bin ich?" –, sondern ein *Was*: „*Was* bin ich?" Du, die „Person draußen" also, bist Bewusst-Sein – *reines Bewusst-Sein*. Du bist in Wahrheit *das* Bewusst-Sein dieser Welt!

Wahrnehmung entsteht erst, wenn Bewusstsein da ist, wenn es Objekte erschafft und sich mit ihnen identifiziert. Du als das Bewusstsein dieser Welt bist in Wirklichkeit also mit *allem*, was du wahrnimmst, identifiziert. Erst die fälschliche Vorstellung, du wärest lediglich eines dieser Objekte – dein Körper nämlich – gibt dir das Gefühl von Gebundensein und lässt die Illusion entstehen, du wärest eine „Person", alle anderen um dich herum wären „andere" Personen und die Welt wäre außerhalb von dir.

Was aber passiert, wenn du *nicht* wahrnimmst? Wenn du dir *nicht* bewusst bist? Im Tiefschlaf etwa? Du erfährst es bei jedem Einschlafen wieder: Die Welt verschwindet, der Raum also, und mit ihm die Person in diesem Raum – du *als Person* verschwindest! Sowohl die Welt, als auch die Person in dieser Welt sind nur eine Erscheinung, vollkommen illusorisch.

Die Welt ist eine Illusion, eine Vorstellung, ein Traum. Und alles, was in ihr enthalten ist, ebenso. Du, der du wirklich bist, ist *reines Bewusst-Sein*, oder auch *reine Wahrnehmung*.

Kompliziert erscheint uns dies deshalb, weil wir, um wahrnehmen zu können, die Sinne des Körpers benutzen müssen. Wir sehen den Raum also durch die Augen der Person im Raum und haben daher das trügerische Gefühl, wir *wären* dieser Körper in diesem Raum.

Nehmen wir noch einmal deinen nächtlichen Traum. Wenn während des Schlafes das Licht des Bewusst-Seins, das du *bist*, eingeschaltet wird, erscheint eine Traumwelt und praktisch im gleichen Augenblick hältst du dich für eine der Traumfiguren. Du erlebst nun scheinbar das Glück und Leid dieser Traumfigur. Alles sieht echt aus. Andere Personen bewegen sich, reden, handeln, scheinen ein eigenes Ego oder auch eine eigene Seele zu haben. Und doch, wenn das Licht des Bewusst-Seins wieder ausgeknipst wird, verschwindet die Traumwelt und mit ihr dein vermeintliches Traumego. Es wäre vollkommen sinnlos, diese illusorische Figur, für die du dich während des Träumens hältst, zum Erwachen bringen zu wollen. Erwachen kannst nur du, dieses Bewusst-Sein, und nur dadurch, dass du erkennst, dass du nicht wirklich in diesem Traum bist – etwas, das jeden Morgen passiert.

Und was passiert abends, wenn du einschläfst? Alle deine Gedanken enden, mit ihnen endet die gesamte Welt und damit auch das, was tagsüber „ich" sagt! Mit dem Eintreten des Schlafes ist also die illusionäre Welt, die du vor dem Einschlafen für real hieltest, verschwunden – und du mit ihr! Du als Person kannst diese Welt niemals verlassen, denn du verschwindest mit ihrem Gehen, und du kommst mit ihrem Erscheinen. Deswegen kannst du auch nicht die Person im Raum sein, sondern *nur* das beobachtende Bewusst-Sein, das gewissermaßen durch den Körper von außen in den Raum schaut und momentan *glaubt*, die illusionäre Person innerhalb dieses Raums zu sein!

Nicht also eine Person kann erwachen, erleuchtet oder befreit werden. Das Bewusst-Sein, das du in Wahrheit bist, muss *erkennen*, dass es nicht die Person ist, die es zu sein glaubt. Es muss erkennen, dass es die reine Wahrnehmung ist, gewissermaßen der Beobachter dieser Welt. Nur dies bedeutet Erwachen, Erleuchtung oder Befreiung.

„Sie kennen Gott nicht. Er ist nur, was Sie von Ihm denken. Ist Er von ihnen getrennt? Er ist eben jenes reine Bewusstsein, in dem alle Ideen geformt werden. Und dieses Bewusstsein sind Sie selbst."

*[Ramana Maharshi]**

* Gespräche des Weisen vom Berge Arunachala

Illusion der Person

Wenn du also in Wahrheit nicht die Person bist, die du zu sein glaubst, gehört alles, wirklich alles, was du wahrnehmen kannst – auch deine Gedanken und Gefühle –, nicht zu dieser Person. Diese Erkenntnis hat weitreichendere Folgen, als du im ersten Moment vielleicht annimmst, denn sich infrage zu stellen und schließlich zu verneinen, ist beileibe kein Spaziergang!

Wie aber können wir uns auf den Weg machen? Indem wir uns immer wieder an den Beobachter erinnern, der wir in Wirklichkeit sind. Indem wir also immer wieder aus der Distanz heraus einfach nur die Gedanken und Gefühle wahrnehmen – unsere Verstandeskonstruktionen, unsere Wünsche und Sorgen, unsere Begierden und Ängste, unsere Hoffnungen und Sehnsüchte. Wenn wir alles akzeptieren, was „kommt" und gleichzeitig wahrnehmen, dass es auch wieder „geht", stellen wir fest, dass es nicht einmal den Hauch eines Schattens auf uns wirft.

Der Verstand wird sich uns dabei oft in den Weg stellen, und er ist trickreich: Indem er uns vorgaukelt, er wolle uns „schonen", lässt er uns oft nur Angenehmes und Erträgliches wahrnehmen. Doch es kommt darauf an, dass wir *alle* Gedanken und Gefühle zulassen, dass wir *alles* als „nicht zu uns gehörig" erfahren. Und alles *heißt* alles! Und so wird schließlich eine gewaltige Flut an Gedanken, Bildern und Gefühlen über dich hereinbrechen. Erinnerungen und Konzepte aus der Vergangenheit werden aufsteigen, sich wie Monster gebärden und dich womöglich das Fürchten lehren. Aber sie alle werden genauso unvermittelt weiterziehen, wie sie gekommen sind, wenn du einfach in der Beobachtung bleibst und dich nicht in ihnen verhakst. Sie gehören nicht zu dir! Selbst Wünsche und Sorgen, die sich um dein Überleben ranken, werden kommen. Doch auch sie gehören nicht zu dir und werden – bei aller Dramatik, die sie dir vorgaukeln – wieder verschwinden. Wie alles, wozu du „Ich" sagst, verschwinden wird.

Und ob ich schon wanderte im finstern Tal,
fürchte ich kein Unglück, denn du bist bei mir.
Psalm 23,4.

Eine Freundin, die mich besucht hatte, wurde beim Beobachten der Gedanken schwer „gebeutelt". Hier ihre überaus anschauliche Schilderung:

Hermann trug mir auf, meine Gedanken wie den Straßenverkehr zu beobachten, ohne mich auch nur im Geringsten einzumischen. Zwar behauptete ich, das doch schon die ganze Zeit über getan zu haben, doch Hermann ließ dieses Argument nicht gelten, sondern behauptete, ich hätte nur das beobachtet, was ich hatte beobachten wollen.

Daran, dass ich anfing, mich über ihn und seine Ratschläge zu ärgern, merkte ich, dass er auf der richtigen Fährte war, wollte es aber noch nicht zugeben. Doch er „bohrte" weiter. Als er mir schließlich auch noch riet, beim Beobachten der Gedanken eine bestimmte Körperhaltung einzunehmen, war ich vollends sauer. „So ein Blödsinn!", fauchte ich ihn an. „Wenn ich nur an Methoden und irgendwelche angeblich notwendigen Praktiken denke, werde ich total wütend." Meine Augen sprühten

Funken, meinem Tonfall hatte ich die unfreundlichste Färbung verliehen, zu der ich imstande war, doch Hermann strahlte mich an und sagte: „Prima, dann beobachte doch mal diese Wut jetzt."

Ich versuchte es, und es war in der Tat etwas ganz anderes als das Beobachten, wie ich es bis dahin kannte. Es kochte und brodelte so heftig in mir, dass ich eine Ahnung davon bekam, worauf Hermann hinaus wollte, als er sagte, das Einzige, was ich ab jetzt zu tun hätte, wäre, ALLE Gedanken zu beobachten, ohne mich einzumischen. Und ich ahnte, dass die Begegnung mit der gerade empfundenen Wut nur die Spitze des Eisbergs war. – Ich sollte Recht behalten.

Als ich später im Bett lag, versuchte ich wieder, die Gedanken zu beobachten, sie einfach vorbeiziehen zu lassen. Doch das stellte sich als gar nicht so einfach dar. Zunächst verzettelte ich mich völlig dabei, dass ich meine Gedanken in einem fort korrigierte. Kam ein Gedanke, hielt ich inne, überprüfte den Gedanken, ob er denn in Form und Inhalt auch korrekt war, und erst dann war ich bereit, ihn zu beobachten und schließlich ziehen zu lassen. – Es dauerte eine ganze Weile, bis ich begriff, dass das wohl nicht Sinn und Zweck der Angelegenheit sein konnte. Das hatte mit dem Beobachten der Gedanken irgendwie so gar nichts zu tun. – Ja, aber wie DACHTE man denn dann?

Ich bemerkte, dass ich noch nie „geradeaus" gedacht hatte. Stattdessen hatte ich meine Gedanken immer selektiert, kategorisiert und bewertet. Ja, Hermann hatte Recht, denn auf diese Art und Weise hatte ich die Gedanken gewissermaßen „vorsortiert" und die getroffene Auswahl dann beobachtet, keinesfalls aber ALLE Gedanken, die aufkamen. Daher schob ich nun alle Überlegungen, wie und was „man" zu denken hat, beiseite und ließ mich auf das Abenteuer, alle Gedanken zuzulassen, ein.

Sie ließen nicht lange auf sich warten. Wie eine Sintflut bra-

chen sie über mich herein. Gedanken, die ich mir nie erlaubt hatte. Gedanken, die unerwünscht waren. Gedanken, die sich nicht gehörten. Gedanken, die ich mein Leben lang unterdrückt hatte. Und mit ihnen wurde ich auch von einer riesigen Welle von Gefühlen überschwemmt. Angst, Unsicherheit, Verlorensein, Einsamkeit, Traurigkeit und Wut … allem voran Wut, die mich innerlich schreien, fluchen und toben ließ.

Die irrationalsten, banalsten und „blödsinnigsten" Gedanken schufen sich nun, da sie erstmals uneingeschränkt willkommen waren, Raum. Zum Beispiel kam da plötzlich Ärger auf Hermann auf, der eine von meinen Zigarettenschachteln geöffnet hatte anstatt eine von seinen eigenen. Aber diesmal schnitt ich den Gedanken nicht mit vernünftigen Argumenten ab, wie „Was dieser Mann für dich getan hat, kannst du mit Geld ohnehin nicht gut machen, schon gar nicht mit Zigaretten, also sei nicht so kleinlich." Stattdessen erlaubte ich mir, geizig zu sein und dem Gedanken „Ärger", sich weiterzuspinnen.

Der Gedankengang nahm einen Verlauf, den ich noch einige Stunden zuvor kategorisch unterbunden hätte, doch nun ließ ich ihn in all seiner Irrationalität uneingeschränkt zu: „Wieso musste er denn schon wieder meine Zigaretten nehmen? Will er mich etwa ausnutzen? Wahrscheinlich. Aber das war ja schon immer das so. Jeder hat mich ausgenutzt. Aber damit ist jetzt Schluss! Ihr alten Schmarotzer und Blutsauger. Ich will das nicht mehr. Nie mehr. Ich will endlich meine Ruhe haben vor euch. Vor euch allen. Guckt doch, wo ihr bleibt. Ich mach das nicht mehr mit. Ich hau ab. Ich will weg. Nur noch weg. Weg von euch. Weg von diesem Scheißleben. Ich kann nicht mehr. Ich kann und will das nicht mehr aushalten. Es tut alles nur weh … Warum ward ihr so hart zu mir? Warum habt ihr mich so oft verletzt? Ich wollte doch gar nicht streiten, ich war doch nur hilflos. Konntet ihr das nicht sehen? Ich wollte doch nur ein kleines bisschen Liebe. War das denn so viel verlangt? Und was habt ihr getan? Ihr habt mich immer nur im Stich gelassen."

Und so wurde aus dem Gedanken an eine Schachtel Zigaretten eine ganze „Gedanken-Geschichte", die in einem Gefühl tiefster Verlassenheit endete. – Kein Wunder, dass ich mir nie gestattet hatte, alle Gedanken zuzulassen, geschweige denn sie weiterzuspinnen! Vermutlich hatte ich innerlich geahnt, wohin das führen würde.

Es war unglaublich schwer, nur der Beobachter dieser Gedanken zu bleiben. Denn schließlich dachte ich ja als „Ich". Als „Ich" aber lief ich Gefahr, Bestandteil der Geschichte zu werden und nicht länger ihr Beobachter zu sein. – An diesem ersten Abend konnte ich nicht mehr tun, als mein Bestes zu geben, mich so gut zu konzentrieren, wie ich eben konnte und darauf zu achten, mich immer wieder aus der Geschichte „auszuklinken", wenn die Gedanken mich wieder in sie hineinzogen. Über weite Strecken allerdings konnte vom unbeteiligten Beobachten der Gedanken keine Rede sein, sondern nur davon, diese vielen fremden und bisher abgelehnten Gedanken überhaupt nur zuzulassen. Hermann hatte im Vorfeld prophezeit, dass, wenn ich den Gedanken nur zusehen würde, aller möglicher „Dreck" nach oben gespült werden würde, und genauso war es nun auch. Wut auf meine Mutter, meinen Vater, meine Großeltern, meine Kinder, meine Freunde, die Vergangenheit, die Gegenwart, die zu erwartende Zukunft überkam mich – und eine immense Wut auf das Leben an sich. Eigentlich sogar Hass. Abgrundtiefer Hass.

Das sollte mein Leben sein? Dieser Müllhaufen? Dieses kümmerliche Gerippe aus Schmerz und Einsamkeit? – Die Gefühle überschlugen sich förmlich. Auf der einen Seite war da das Bedürfnis, alles kurz und klein zu schlagen, Gegenstände gegen die Wand oder aus dem Fenster zu werfen, um der Wut irgendwie Ausdruck zu verleihen. Andererseits war da aber auch der Gedanke an Flucht, an Weglaufen vor diesem trostlosen

Leben, alles hinter mir lassen und irgendwo neu anfangen.

Es waren schmerzvolle Momente, die ich da durchlebte. Nachdem ich allen Gedanken einmal Tür und Tor geöffnet hatte, schienen sie mich nun wie einen Spielball hin- und herzuwerfen. Sie warfen mich in längst vergessene Zeiten meines Lebens zurück, konfrontierten mich mit zahlreichen unterdrückten Gefühlen, warfen mich in unerfüllte Träume und Fantasien – kurz: sie zwangen mich dazu, dorthin zu schauen, wo ich noch niemals hatte hinsehen wollen. Aber dennoch gelang es mir immer wieder, einfach nur zuzuschauen, was diese Gedanken und die daraus resultierenden Gefühle mit „mir" machten. Ich bemerkte, wie sich mein Körper durch die Wut verkrampfte, die Lippen sich aufeinander pressten, die Fäuste sich ballten. Ich bemerkte, wie sich Angst breit machte, Angst, dass da womöglich noch mehr Wut aufkommen könnte, viel mehr, als ich würde verkraften können. Die Angst ließ mein Herz rasen und meine Kehle austrocknen. Der ganze Körper war angespannt wie eine Feder, und ich fühlte mich dem, was da geschah, einfach nur hilflos ausgeliefert.

Und doch konnte ich – allen Fluchtgedanken zum Trotz – nicht anders, als das, was da geschah, einfach geschehen zu lassen. Ohne einzugreifen, ohne zu manipulieren, ohne etwas vermeiden zu wollen. Tief im Inneren wusste ich, dass es genau so sein musste, mehr noch, dass ich es genau so wollte. Und so beobachtete ich weiter bzw. ließ – sofern mir dies nicht gelang – zumindest alles zu, was gedacht oder gefühlt werden wollte.

Die Wut löste sich irgendwann auf, und an ihre Stelle trat Traurigkeit. Eine so tiefe Traurigkeit, wie ich mich nicht erinnern konnte, sie je gefühlt zu haben. Eine im wahrsten Sinne des Wortes namenlose Traurigkeit, denn ich konnte sie beim besten Willen nicht benennen. Vordergründig hätte man meinen können, dass ich sie auf Grund meines „verpatzten" Lebens empfand, doch so war es nicht. Sie war einfach nur da, scheinbar grundlos, aber so intensiv, dass es mir fast den Atem nahm.

Und immer wieder schaute ich. Manchmal wehrte ich mich auch gegen das Gedachte und Erlebte, konnte aber auch das zulassen, um es dann wieder beobachten zu können. Gedankenfolge reihte sich an Gedankenfolge, Gefühl an Gefühl, emotionale Ruhe und „Sturm" wechselten sich ab. Im Vordergrund stand aber immer wieder das Zulassen des „Unmöglichen". Das Erlauben gedanklicher Schimpfwort-Kanonaden gegenüber Menschen, die ich im Grunde liebe oder gar die Vorstellung tätlicher Angriffe. Jeder Gedanke durfte da sein und sich, wenn er wollte, weiterspinnen. Es gab kein Unterteilen in gute oder schlechte Gedanken oder in erlaubte oder unerlaubte, keine Frage danach, ob ein Gedanke nun einen Grund hatte, da zu sein oder nicht. Selbst der scheinbar kindischste oder absurdeste Gedanke war willkommen und mit ihm alles, was er zu Tage förderte.

Indem ich dies zuließ, ließ ich zu, dass mein Weltbild noch mehr, als es ohnehin schon der Fall war, aus den Fugen geriet. Denn nun kam ich nicht mehr umhin festzustellen, an wie vielen Glaubenssätzen ich noch „klebte", an wie vielen Vorstellungen von richtig und falsch. Hatte ich gedacht, mich von fast allen Konzepten getrennt zu haben, musste ich mir nun eingestehen, dass das nicht stimmte. Es gab noch so viele! Teils hatte ich mit ihnen die ersetzt, von denen ich mich bereits getrennt hatte, und teils solche, von deren Existenz ich bislang noch gar nichts gewusst hatte. Viel war ja von „meiner" Welt ohnehin nicht mehr übrig, aber nun schien auch noch der letzte Rest in Stücke zu zerfallen. Ohne mir dessen bewusst gewesen zu sein, hatte ich mir wohl doch immer wieder neue Orientierungspunkte und Stützen erschaffen, an denen ich mich festhalten konnte, und nun lösten sich selbst die auf.

Die Tragweite dessen wurde mir aber erst in dem Moment bewusste, als der Gedanke in mir auftauchte: „Ja, aber wo bleibe *ich denn da?" – Ja, das vermeintliche „Ich", die Person, die ich glaubte zu sein, wurde hier so ernsthaft wie noch nie bedroht. Denn mit der Bereitschaft, ALLE Gedanken zu beobachten, ohne einzuschreiten, hatte ich mich selbst jedweder Kontrolle beraubt. Völliger Kontrollverlust – die größte Bedrohung des Ego. Erneut wurde ich in ein Tal absoluter Hilflosigkeit geschleudert, denn mir wurde klar, dass ich mich nun an einem Punkt befand, an dem mir all mein Wissen, alles Erlernte, alles Gelesene und alles Gehörte nichts mehr nutzte. Das mochte seine Daseinsberechtigung gehabt haben, als es darum ging, überhaupt auf „den Weg" zu kommen oder darum, zunächst völlig falsche Konzepte durch „richtigere" zu ersetzen. Doch nun mussten auch die weg. Alles musste weg, woran ich noch in irgendeiner Form festhielt. Auch das kleinste Halteseil, der winzigste Strohhalm. Selbst die Bücher, die mir so lange Trost und Stütze gewesen waren, würde ich nun eine Zeitlang nicht mehr zur Hand nehmen dürfen, um nicht schon wieder neues intellektuelles Wissen anzuhäufen, das es mir ermöglichen würde, mich von dem, wo es hinzuschauen galt, abzulenken.*

Nein, das Einzige, was es zu tun gab, war nur noch, die Gedanken zu beobachten. Alle und ausnahmslos. Mich darin zu üben, mich weniger und weniger gegen sie zu wehren, sie mehr und mehr zuzulassen, um sie irgendwann einmal wirklich nur unbeteiligt beobachten zu können. Damit aber wäre jeder Gedanke als das enttarnt, was er in Wirklichkeit ist: als ein Gedanke – als einer von vielen Gedanken, die da ständig kommen und gehen, die aber nichts mit mir zu tun haben.

Kein „Ich denke" mehr, kein „Ich wünsche", kein „Ich will". Stattdessen „Da ist ein Gedanke", „Da ist ein Wunsch", „Da ist Wollen". Unbeteiligtes, akzeptierendes, nicht eingreifendes Beobachten, das ist wohl das „Ich bin" und gleichzeitig der Tod des Egos.

Der Verstand wird also immer wieder protestieren und dir einzureden versuchen, dass es Unsinn sei, selbst die heftigsten Gedanken lediglich wahrzunehmen, ohne sich von ihnen dirigieren zu lassen, ohne sich mit ihnen zu identifizieren, ja: Sie nicht einmal mehr als die eigenen zu betrachten. Und du wirst ihm nicht einmal widersprechen können, weil der Weg, den du gehst, mit Argumenten des Verstandes, mit Begriffen also, nicht „begründet" werden kann. Und doch wirst du spüren, dass du als unbeteiligter Beobachter in der Wahrheit bist. Dass du *Bewusst-Sein* bist und den Körper lediglich dazu „benutzt", um wahrzunehmen. Gib also nicht auf, damit es sich nicht weiter mit der „Person im Raum" verknüpft und du weiter einer Illusion hinterher läufst.

Und lass dich nicht täuschen! Auch wenn der Verstand dir Hunderte und Tausende von Konzepten, an die du dich gebunden hast, vorhält. „Du sollst höflich sein!" – ist so ein Konzept. Oder: „Halte dich an die Regeln!" So elementar sie auch heute noch für dein Leben scheinen – beobachte, wie auch sie vor dir erscheinen und wieder verschwinden. Auch sie gehören nicht zu dir! Zwar werden viele dieser Konzepte für das Leben gebraucht, und sie sind auch nach dem Erwachen sinnvoll – aber sie sind es eben nur für den Körper und den „Rest"-Verstand, der sich nach wie vor in diesem Universum bewegt. Für dich als reines Bewusst-Sein sind sie unwichtig, und sie binden dich.

Wird alles, was wir als Person wahrnehmen und uns vorstellen können, als unwahr abgelehnt, erkennt sich dieses Bewusst-Sein, das wir in Wahrheit sind, als *reines* Bewusst-Sein, als *reine* Wahrnehmung, als völlig *unpersönlich*. Dann hört es auf, sich ausschließlich mit diesem einen Körper zu identifizieren.

Ich vergleiche die illusorischen und falschen Bindungen des reinen Bewusst-Seins mit diesem einen Körper im Raum gern mit einer großen Zahl an Kaugummifäden, die das Bewusst-Sein scheinbar mit dem Körper „verkleben". Manche dieser Fäden kommen und gehen, d.h. sie binden uns nur für eine gewisse Zeit. Andere, massive Stränge, haben vor allem mit unserem Charakter zu tun. Wir haben sie so sehr verinnerlicht, dass sie uns gar nicht mehr bewusst sind. Doch wenn sie reißen, wenn du immer mehr erkennst, dass du *nicht* diese Person im Raum bist, sondern reines Bewusst-Sein, stellt sich zunehmend ein Gefühl der Freiheit ein, und die Erkenntnis des reinen Seins verstärkt sich.

Und dieses reine Sein – das sei noch einmal gesagt – ist kein Geist, keine Seele, kein Körper, kein Wesen und keine Person. Es ist nicht einmal ein „Ich", das sich bewusst ist. Worte können nur vage andeuten, was es ist, es aber niemals definieren.

„Die Person ist nichts weiter als das Ergebnis eines Missverständnisses. In Wahrheit gibt es gar keine Person. Gefühle, Gedanken und Handlungen rasen in endloser Folge an dem Beobachter vorbei. Dabei hinterlassen sie Spuren im Verstand und erschaffen so die Illusion einer Dauer. Eine Spiegelung des Beobachters im Verstand erzeugt das Gefühl vom 'Ich', und die Person gelangt somit zu einer scheinbaren unabhängigen Existenz."

*[Sri Nisargadatta Maharaj]**

* Ich bin

Die Leere des Verstandes

In jenen Momenten, in denen das Denken aufhört, kommen wir in Kontakt mit dem „reinen Sein", mit der „Leere", und das ist ein Zustand, in dem sich ein fast unbeschreibliches Glücksgefühl ausbreitet. Es kann uns ekstatisch werden lassen oder eher leise, es kann nach Außen drängen oder uns zum stillen, zurückgezogenen Genießen führen. Jeder von uns kennt diesen Zustand, wenn er beispielsweise „bis über beide Ohren" verliebt ist und er nur noch in dieser Liebe schwelgt. Jeder aber weiß auch, dass solche Momente nie sehr lange anhalten, weil sich bereits nach kurzer Zeit der Verstand einschaltet und damit das Denken wieder einsetzt. Denn: Der Verstand kann mit Zuständen, in denen kein Denken vorhanden ist, nichts anfangen, schließlich ist es seine Aufgabe, jedes Erleben zu verarbeiten und in Denkmodelle umzusetzen. Wie aber soll er das für ihn unbegreifliche Phänomen der „Leere" verarbeiten? In seiner Hilflosigkeit entwirft er Begründungen, er schafft Gedankenbilder und versucht, die „Leere" mit neuen Vorstellungen und Wünschen „anzufüllen".

Erinnern wir uns nur einmal an eine Situation, in der sich für uns ein Herzenswunsch erfüllt hatte: Waren wir in dem Moment nicht „wunschlos glücklich"? Für kurze Zeit gab es keine Vergangenheit und keine Zukunft mehr, die uns in irgendeiner Form belastet hätte – wir waren vollkommen im zeit- und raumlosen, sorgenfreien Hier und Jetzt. Über was hätten wir in dem Moment noch nachdenken sollen? Über nichts! Und so war jegliches Denken verschwunden, und wir waren „reines Sein" oder „Leere" oder, noch anders ausgedrückt, „Ich bin (nur)" – „selig" oder „im siebten Himmel". Bis unser Verstand zu „rattern" begann: „Bleib realistisch! Komm zurück auf den Boden! Dreh jetzt bloß nicht durch!" – könnte er uns ermahnt haben. Oder er hatte möglicherweise Zweifel gesät: „Träume ich vielleicht? Oder täusche ich mich? Ist es das wert?" Und schließlich: „Es gibt noch Tausende anderer Wünsche, deren Erfüllung ebenso wichtig ist! Tu was dafür!" So oder so ähnlich war es jedes Mal, stimmt's? Bis wir tatsächlich wieder „auf dem Boden" waren: realistisch, zielbewusst, angefüllt mit neuen Vorhaben und neuen Wünschen, die eines Tages ein vielleicht noch intensiveres Glücksgefühl provozieren könnten.

Das genau ist der Grundirrtum des Verstandes! Weil er nicht erfassen kann, dass das Glücksgefühl aus dem Phänomen der Leere entsteht, produziert er schnellstens neue Vorhaben und neue Wünsche, auf dass auch sie erfüllt werden und daraus neues Glück entsteht.

Immer also, wenn wir in einen denkfreien Zustand eintreten, wird unser Verstand versuchen, ein Konzept daraus zu machen. Und immer wird er dabei die Ursache des damit verbundenen Glücksgefühls – die auftauchende Leere – mit dem Anlass verwechseln. Tritt Denkfreiheit als Folge eines meditativen Zustandes ein, wird er dich auffordern, immer wieder zu meditieren. Und wenn sie beim Hören eines bestimmten Liedes oder Musikstückes auftritt, wird er das Lied oder Musikstück dafür verantwortlich machen und uns dazu veranlassen, es immer wieder anzuhören.

Der Verstand wird in seinem Zwang zur Verallgemeinerung sogar noch weitergehen: Er wird dem Glücksgefühl der Leere Begriffe zuordnen wie „allumfassende Liebe" oder „positive Energie". Er wird sogar Erscheinungen „höherer" Wesen oder Lichtebenen konstruieren, die wir dann auch zu erblicken glauben. Sie alle, wie auch die verschiedensten Schilderungen von Nahtoderfahrungen, sind nichts anderes als die hilflosen Interpretationen des Verstandes, der die Leere des Nichtdenkens nicht erkennen kann.

Insofern sollten wir all diesen Konzepten und Bildern mit gebührender Skepsis begegnen und ihnen das entgegenhalten, was ist: Dass der denkfreie Raum die Erfahrung der reinen Existenz, des reines Seins also ist. Auch in einem denkfreien Raum wird es weiterhin Gedanken geben, und die Gedanken werden sich auch weiterhin ausbreiten, doch da das strebende Denken aufgehört hat, ziehen sie an uns vorbei, ohne uns im Geringsten zu belästigen. Sie kommen und gehen, doch sie haben nichts mit uns zu tun. Erst wenn die Gedanken als zu uns gehörig angesehen werden, wenn wir mit ihnen Konzepte über uns und die Welt bilden, werden sie zu Wünschen, Sorgen und Vorstellungen. In dem Moment denken wir und verlieren wieder einmal den Bezug zu unserem wahren Sein.

Beobachten wir also genau, was der Verstand uns einzureden versucht. Das alles nämlich sind wir nicht! Je deutlicher wir das erfahren, desto öfter wird er kapitulieren, bis auch er am Ende leer ist.

„Alles, was wir hinterfragen, löst sich auf."

*[Sri Nisargadatta Maharaj]**

* Ich bin dieses Eine

„Meine Welt ist real, Ihre ist im Verstand."

*[Sri Nisargadatta Maharaj]**

* Ich bin

26

Ich bin das Innerste

Immer wieder hören wir, dass die Welt außerhalb von uns sei und dass wir, um zu uns zu finden, nach Innen gehen müssten. Es scheint gute Gründe für eine solche Annahme zu geben, denn: Werden wir nicht ruhig, wenn wir „in uns" gehen und – sei es nur in kurzen Momenten – die Welt um uns vergessen? Breitet sich nicht eine ungewohnte Stille in uns aus, wenn wir lediglich unseren Atem beobachten oder den Fluss unserer Gedanken? Und: Sind wir nicht davon überzeugt, in diesem Zustand unser wahres Selbst zu erfahren? Schließlich wird überall auf der Welt stundenlang meditiert! Mönche ziehen sich in ihre Klöster zurück, und es gibt genügend „Heilige", die jahrelang in Höhlen sitzen, um sich in ihrer Selbstkonzentration nicht durch die Außenwelt ablenken zu lassen!

So löblich das für diese Leute auch sein mag – ich rate dir zum Gegenteil! Einmal, weil es die Trennung zwischen „Innen" und „Außen" in letzter Konsequenz überhaupt nicht gibt – doch darauf kommen wir später zu sprechen. Zum anderen jedoch hat mein Rat einen rein pragmatischen Aspekt, denn: Wenn du dich als Bewusst-Sein begreifst, kommt alles das, was du wahrnimmst, bereits von „Außen", denn du bist das „Innerste". Was willst du dann noch „in dir" sehen? Selbst wenn du deinen Herzschlag beobachtest oder den Fluss deines Atems oder die Bewegung der Gedanken, nimmst du etwas wahr, das außerhalb von dir ist. Wie sonst könntest du es *beobachten*? Ob sich dein Herzschlag beschleunigt oder dein Atem stockt oder Gedanken auf dich einstürzen, oder ob sich Menschen und Situationen um dich herum verändern – alles das kann sich nur im vermeintlichen Außen zeigen.

Hierzu ein Beispiel aus meinem Leben:

Ich hatte lange Zeit Rückenschmerzen. Da die Behandlungen durch verschiedene Fachärzte und Krankengymnastiker erfolglos waren, fragte ich immer wieder mein vermeintlich Inneres nach den Ursachen und wie ich die Schmerzen loswerden könne. Doch was sollte mir mein „Inneres" sagen, was ich nicht ohnehin schon wusste? Es war nicht allzu viel zu diesem Thema! Also entschloss ich mich, nur noch zu beobachten, was um mich herum passierte. Und das war erstaunlich! Denn bereits einen Tag nach diesem Entschluss – es war kurz vor Weihnachten – entzündete sich bei mir eine Talgdrüse, und ich musste meinen Hausarzt aufsuchen. Doch der war bereits im Weihnachtsurlaub, und sein Stellvertreter erzählte mir während der Behandlung – er hatte meinen gequälten Gang beobachtet und von meinen erfolglos behandelten Rückenschmerzen erfahren –, dass Rückenprobleme die unterschiedlichsten Ursachen haben könnten. Irgendwie traf mich dieser Satz so, dass ich nach den Feiertagen noch einmal zu diesem Stellvertreter ging, und der überwies mich zu einem Osteopathen, dessen Praxis ca. 45km von mir entfernt war. Der erste Gedanke war Abwehr: Die Entfernung war viel zu weit, um mit meinen Schmerzen wöchentlich mehrmals zur Behandlung zu fahren! Trotzdem vereinbarte ich einen Termin. Doch bereits vor der ersten Behandlung erhielt ich einen Anruf: Der Osteopath war in eine Praxis umgezogen, die nur 12 km von mir entfernt lag. Ich empfand das als äußerst zuvorkommend! Doch auch diese 12 km Entfernung erwiesen sich als mühsam, denn es stellte sich heraus, dass an meinem Rücken eine Menge zu tun war. Deswegen kam spontan der Gedanke, dass es entschieden praktischer wäre, am Wohnort behandelt zu werden. Und was soll ich sagen? Dieser Osteopath ist heute einer meiner Nachbarn!

Ich erzähle das Erlebnis deshalb so ausführlich, weil sich die Lösung meines Rückenproblems nicht im vermeintlich „Inneren" gezeigt hat, sondern in meinem Umfeld. Wäre ich in meinem „Inneren" versunken, hätte ich jede Reaktion meiner Umgebung übersehen, und ich hätte meine Schmerzen heute noch!

Seit diesem Erlebnis hatte ich mich immer wieder gefragt: Was habe ich dazu „beigetragen", dass der Osteopath zu einem Nachbarn und mittlerweile guten Freund wurde? Wenn wir hierbei in den Begriffen „Außen" und „Innen" bleiben, natürlich nichts! Und trotzdem waren es mir zu viel Zufälle, die hier im „Außen" zusammen kamen! Was also hatte „ich" damit zu tun?

Wir hatten in den vorangegangenen Kapiteln festgestellt, dass Gedanken einfach kommen und gehen – abhängig von den gerade herrschenden Umständen. Ein Gedanke führt uns zu einer Handlung, die selbst wieder einen Gedanken darstellt, der uns zur nächsten Handlung führt. Letztlich ist also alles ein Spiel der Gedanken *in unserem Verstand*, und so gesehen sind wir in einer gewissen Weise die Ursache für alles.

Nun aber ist das gesamte Universum und unser Leben ein selbstablaufender Prozess. Zwar existiert die Welt nur dann, wenn uns bewusst ist, dass *wir* existieren, doch der erste und damit allem zugrunde liegende Gedanke des „Ich bin", des „Ich existiere" ist wie eine weiße Billardkugel, die die anderen, die farbigen Kugeln angestoßen hat: Nach ihrem Anstoß gehorchen sie ihren eigenen Gesetzmäßigkeiten. Dass wir ihren Lauf beeinflussen könnten, ist *die* Illusion schlechthin! Wir sind *als Bewusstsein* ausschließlich Beobachter dieses Spiels.

Und doch musste ich etwas mit der Vereinfachung meiner Arztwege zu tun gehabt haben! Mit der reinen Beobachtungsfunktion des Bewusst-Seins konnte ich mir das Ganze also nicht erklären. Und so konnte ich nur noch eine Erklärung zulassen: Es musste etwas jenseits des Bewusstseins geben! Etwas, das den Gegensatz des „Innen" und des „Außen" aufhebt! Etwas, das das Innen und Außen *in mir* vereint und so selbst den Lauf der Billardkugeln steuern kann! Auch wenn ich in dem Moment noch nicht wusste, was das war: Ich wusste, dass ich um so aufmerksamer beobachten musste, was um mich herum vor sich ging. Nur dadurch konnte ich eine Antwort erhalten.

Kurz darauf fiel mir in der englischen Ausgabe von *Sri Nisargadatta Maharaj's* „I am That" folgende Passage auf:

„Es gibt ein Zentrum, das allem, was wahrgenommen wird, Realität verleiht. Sie müssen einfach nur verstehen, dass Sie die Quelle der Realität sind, dass Sie Realität verleihen anstatt sie zu erhalten, dass Sie keine Unterstützung und keine Bestätigung brauchen."

*[Sri Nisargadatta Maharaj]**

* Ich bin

27 Das Master-Konzept

Fassen wir noch einmal zusammen: Du bist das Bewusst-Sein deines ganzen Universums – und das schließt deinen Körper, deine Gedanken und deine Gefühle ein. Dieses Universum besteht nur aus Gedanken. Die scheinbare Festigkeit der Welt ist eine Illusion, obwohl sie so wahrgenommen wird – genau wie im Traum. Das Bewusst-Sein „träumt" also diese Welt und ist trotzdem an den „erträumten" lebendigen Körper gebunden: Es nimmt die Welt durch die Sinnes- und Gefühlsorgane des Körpers wahr. Obwohl der Körper für das Bewusst-Sein also lediglich ein Medium ist, durch das es die „erträumte" Welt erfährt, identifiziert es sich irgendwann nur noch mit diesem Körper und sitzt fortan der Illusion auf, *nur* dieser eine Körper zu sein. Es „klebt" also scheinbar an diesem Körper und teilt damit die Welt in „ich" und „die anderen" auf, in ein scheinbares Subjekt und scheinbare Objekte und „vergisst" damit seine Ganzheit.

Das „Ich", das auf diese Weise entstanden ist, bezeichnen wir als „Ego" oder auch als „Person". Es ist als das Ergebnis einer Illusion ebenfalls eine Illusion und besteht aus einer Ansammlung von Lebens- und Persönlichkeitskonzepten, mit denen der Verstand diesen grundlegenden Irrtum des Bewusst-Seins permanent verfestigt. Wenn wir also diese Lebens- und Persönlichkeitskonzepte auflösen, können wir auch das Bewusst-Sein wieder von dem Körper „entkleben" und das Ego – unser falsches Selbst – damit zum Verschwinden bringen.

Nur müssen wir dazu diese falschen Konzepte erst einmal

kennen. Erst wenn uns ein Konzept bewusst ist – zum Beispiel: „Ich bin dieses" oder „Ich bin jenes" –, und wenn wir das Konzept als bloßes Gedankengebilde und damit als nicht zu uns gehörig erkennen können, wird die Auflösung erfolgen. Seltsamer Weise verschwindet jedes Konzept kurze Zeit nach diesem Erkennen mehr oder weniger von der Bildfläche, so wie uns die Erinnerung an einen nächtlichen Traum meist nach wenigen Stunden ebenfalls verloren geht.

Das Auflösen solcher Konzepte hat wenig mit psychologischen Therapien und Ansätzen zu tun, obwohl es manchmal sehr ähnlich aussieht. Und auch mit vielen spirituellen Techniken, die vorgeben, sie würden das menschliche Wesen aus seiner Gefangenschaft befreien, hat die Auflösung von Persönlichkeitskonzepten nichts gemein, da sowohl die Psychologie, als auch esoterische Praktiken letztlich das vermeintliche Ego stärken, indem sie sich auf das „Wohlfühlen" oder die „Konfliktbefreiung", also auf die Festigung einer Person konzentrieren. Und genau darauf kommt es in unserem Fall nicht an, im Gegenteil: Es geht um die Schwächung und schließlich um das Sterben dieses illusorischen Phänomens „Ego", das sich nur mit Hunderten von Persönlichkeitskonzepten am Leben erhalten kann. Der Dreh- und Angelpunkt ist also das Wahrnehmen dieser Persönlichkeitskonzepte als das, was sie tatsächlich sind – als pure Vorstellung.

Jedes Konzept hat die Eigenart, eine Person teilweise zu definieren, also zum Beispiel: „Ich bin arm oder reich" oder „Ich bin klug oder einfältig", „Ich bin stark oder hilflos", „jung oder alt", „robust oder sensibel". Das Bewusst-Sein aber sieht gar nichts „so oder so"! Es ist einfach Bewusst-Sein oder reine Wahrnehmung. Es definiert nichts, es beobachtet vollkommen frei und ohne Wertung dessen, was wahrgenommen wird. Es kennt kein gut oder böse, richtig oder falsch.

Ein Beispiel: Angenommen, du hast ein Problem mit dir und der Welt, das dir zu schaffen macht, und du willst davon befreit sein. Wenn wir davon ausgehen, dass dein Problem eine seelische Ursache hat, würde dir ein Psychotherapeut oder ein Psychoanalytiker möglicherweise helfen können. Wenn du also einen der Genannten aufsuchst, willst du, dass es dir, deinem „Ich" also, besser geht. Das „Ich" aber ist nur die illusionäre Bindung des Bewusst-Seins an den Körper – „ich bin *eine* Person, *ein* Körper!" Wird dir geholfen, dann wirst du dich besser fühlen, und so gut das für dich als Person auch sein mag: Das Bewusst-Sein, das sich mit dir identifiziert hat, fühlt sich nun ebenfalls wohler mit dir und hat nun einen Grund weniger, sich selbst zu erkennen. Es ist, als würdest du im Kino mit einer Figur, die du gerade zu sein glaubst, durch eine Krise gehen. Es ist hart, was du als diese Figur zu erleben hast, und du bist einige Male bereit, die Identifizierung mit ihr fallen zu lassen, doch nach überstandener Krise bist du so zufrieden, dass du fester mit der Figur verbunden bist als zuvor und kannst die Filmhandlung als diese Figur wieder in vollen Zügen genießen.

In punkto Erwachen jedoch geht es darum, dass das Bewusst-Sein sich selbst erkennt, und das heißt, bezogen auf unser Beispiel: Es erkennt, dass es nicht die leidende oder problembehaftete Person ist. Ob sich danach das Leid oder das Problem auflöst oder nicht – für das Erwachen ist das nicht entscheidend. Sobald du jedoch den geringsten Funken Hoffnung in dir trägst, dass sich dein Leid durch dein Erwachen verringert oder dein Problem sich dadurch auflöst, hättest du dich erneut in die Arme dieser illusionären Person „geflüchtet", die du zu sein glaubst. Du wärest damit in den „psychologischen" Bereich abgerutscht und auf dem besten Wege, dein Ego zu festigen.

Ich habe mit einer ganzen Reihe von Freunden an der Auflösung von Persönlichkeitskonzepten gearbeitet. Bei all diesen Personen hat sich gezeigt, dass es nur ein einziges wichtiges Persönlichkeitskonzept zu geben scheint, das als das zentrale Ego-Konzept einer Person fungiert. Es bestimmt mehr oder weniger das gesamte Leben der Person und formt ihren Charakter nachhaltig. Und dieses Konzept ist in allen mir bekannten Fällen erst im Alter von 5-6 Jahren entstanden. Alle früheren Erfahrungen einer Person scheinen dagegen relativ bedeutungslos zu sein. Ebenso haben sich fast alle später geschaffenen Konzepte einer Person an dieses eine Konzept angegliedert, so dass ich es als „Master-Konzept" bezeichne. Wie ein Gänseküken jenem Wesen, dass es bei seiner Geburt als Erstes erblickt, permanent nachläuft, läuft das restliche Leben einer Person ab der Entstehung des Master-Konzepts nahezu vollständig nach diesem ab.

Warum ist das so? Bei der Geburt einer Person erscheinen das Bewusst-Sein und sein Inhalt – das Universum mit allen damit verbundenen Wahrnehmungen – gemeinsam. Noch ist das Bewusst-Sein frei, es beobachtet nur. Das Neugeborene reagiert auf Grund seiner angeborenen Instinkte, es schreit, wenn etwas weh tut oder wenn es Hunger hat usw. Aber all das passiert natürlich, vollkommen reflexhaft. Mit der Zeit lernt das Kleinkind, seine nächste Umwelt zu kopieren. Es reagiert auf Dinge, die es zum Leben braucht, zeigt antrainierte Verhaltensweisen und imitiert die Welt der Gleichaltrigen und Erwachsenen. Dabei sammelt es Erfahrungen und speichert diese als Erinnerungen ab. Doch auch wenn es uns so vorkommen mag, als hätte das Kind damit einen eigenen freien Willen entwickelt, scheint dies ein Irrtum zu sein. Es beobachtet im Wesentlichen nur, wie seine Umgebung funktioniert, und was seine Reaktionen – ob es nun ein protestierendes Brüllen ist oder ein freundliches Lächeln – auslösen.

Irgendwann im Alter zwischen fünf und sechs Jahren allerdings kommt es zu einem Konflikt, in dem das Bewusstsein nicht mehr „außen vor" bleibt. Es verlässt seine Beobachterposition, identifiziert sich intensiv und ausschließlich mit dem Körper des Kindes und glaubt von nun an, es wäre nur noch dieser eine Körper. Das Geschehnis, das dem Konflikt zugrunde liegt, mag dabei von heute aus gesehen belangvoll oder belanglos sein – für das Kind war es in dem Moment offenbar „traumatisch": Es wird das Ereignis nie vergessen. Keiner der Freunde, die mit mir gearbeitet haben, hat länger als ein paar Minuten gebraucht, sich daran zu erinnern. Es liegt im Gedächtnis einer jeden Person offen und oben auf!

Denn: Die meisten Suchenden wissen sehr genau, wo der „persönliche Schuh" am stärksten drückt: „Ich fühle und fühlte mich immer klein und hilflos"! „Ich tauge nichts im Leben!" „Ich möchte immer davonlaufen!" „Ich bin nichts wert!" „Ich möchte Macht ausüben!" „Ich werde nicht geliebt!" Fragt man einen Menschen, wann er dieses Gefühl das erste Mal hatte, fällt praktisch jedem – selbst jenen, bei denen in langen Therapiesitzungen schon alles mögliche „hochgekommen" ist – fast auf Anhieb dieses Ereignis ein, weil es ihm nie wirklich aus dem Sinn gegangen war. Es ist scheinbar unwichtig geworden und doch unvergessen geblieben.

Nachdem dieses Ereignis also erkannt worden ist, bitte ich die Person, sich mehrmals in das Gefühl hineinzuversetzen, das sie vor dem Geschehen hatte, und dann in das Gefühl und die Gedanken nach dem Geschehen zu gehen. Die Person empfindet hierbei gewöhnlich ein Gefühl von Freiheit und Ungebundenheit *vor* dem Ereignis und von Einengung *nach* dem Ereignis. Dieses Gefühl der Freiheit beruht auf dem Nichtdenken, der Leere des Verstandes also, während die Einengung danach aus einem fixierten Gedanken besteht, der sich nicht mehr abschütteln lässt.

Das mehrmalige Bewusstmachen beider Zustände genügt üblicherweise, um zu erkennen, dass die dabei aufkommenden Gefühle und Gedanken genau jene Gefühle und Gedanken sind, die diesen Menschen sein weiteres Leben lang bestimmt haben! Und das war es dann auch schon: Der beginnende, aber auch wesentlichste Schritt zur Auflösung des Master-Konzeptes ist getan.

Um den Prozess an einem Beispiel zu erörtern: Ein Kind hat eine Burg aus Holzklötzchen gebaut. Es ist stolz darauf und will diese Burg seiner Oma zeigen. Doch die hat im Moment anderes im Kopf und lässt das Kind stehen, ohne die erwartete Freude zu teilen. Was könnte nun passieren? Aus psychologischer Sicht wäre das Kind enttäuscht, vielleicht sogar verletzt, vielleicht sogar unter Schock, und die Vorfreude wäre augenblicklich verschwunden. Es würde sich vermutlich zurückziehen, wie sicher auch früher gelegentlich, doch dieses Mal bleibt der Konflikt erhalten, das Kind *ist* – für die Psychologie aus unerfindlichen Gründen – der Konflikt geworden. Aus „Oma lehnt es ab, meine Burg anzuschauen" wird „Ich werde immer nur abgelehnt".

Und aus nicht-psychologischer Sicht: Bis das Kind sich von der Oma abgewiesen fühlte, war sein Bewusst-Sein einfach Bewusst-Sein und somit reine Beobachtung. Alle Geschehnisse wurden wahrgenommen, sie wurden als Erinnerung gespeichert, und diese Erinnerungen wurden für das Überleben genutzt. Aber das Kind war bis zu diesem Zeitpunkt noch frei von dem Zwang, seine Erfahrungen und Erinnerungen zu fixierenden Betrachtungen über die Zukunft heranzuziehen. Es ist absolut wichtig, zu verstehen, dass die schicksalhafte, weil begrenzende Identifizierung des Bewusst-Seins mit diesem einen Körper bis dahin bestenfalls in untergeordneter Form existierte. Übergeordnet identifizierte es sich mit der *gesamten* wahrgenommenen Welt, so dass das Kind sie als „seine Welt“ empfand. Und dieser Zustand fühlte sich glücklich an und frei. Kaum einer, der nicht heute noch bei der Schilderung seiner frühen Lebensjahre geradezu in Verzückung gerät, denn die friedvolle, glückselige Lebendigkeit des freien, ungebundenen Bewusst-Seins ist jedem Menschen unauslöschlich in Erinnerung. Nur: Damals wie heute kann er sich die Ursache dieser glücklichmachenden Lebendigkeit nicht erklären. Damals wie heute ist er gezwungen, ein Konzept daraus zu machen – ein Konzept, das ein denkender Verstand interpretieren kann: „Ich war glücklich, weil mir die Welt offen stand“ oder „weil meine Eltern mich geliebt haben“ oder „weil ich tun und lassen konnte, was ich wollte“. Jede dieser Aussagen ist eine Fehlinterpretation!

Und so kann das Kind – bezogen auf unser Beispiel – es auch nur fehl interpretieren, wenn es sich von seiner Oma zurückgewiesen fühlt und ihm in dem Moment das bis dahin stabil vorherrschende, glücklichmachende Gefühl des reinen, beobachtenden Bewusst-Seins verloren geht. Das Kind mag dabei einen unbegreiflichen Wechsel registrieren und als eine Art Einengung empfinden, die es sich nicht erklären kann, die es nur als unangenehmes Gefühl wie Ärger oder Angst wahrnimmt und mit dem Gedanken „Ich werde immer nur abgelehnt“ verbindet. Dieser Gedanke ist das, was das Kind für den Rest seines Lebens als Masterkonzept verinnerlicht hat! Es ist die Mutter aller Konzepte, wie bei der Geburt des Gänsekükens. Und das völlig unbemerkt! Einfach ein unangenehmes Gefühl der Enge und dieser eine, von Gefühlen besetzte Gedanke, der sein ganzes Lebens lang all die Wünsche und Sorgen erzeugt. Das Bewusst-Sein ist das Opfer dieses Prozesses und bleibt von nun an gebunden.

Was nun folgt, ist schon fast abenteuerlich. Der Verstand will das für ihn bis dahin stabile Freiheits- oder Glücksgefühl, das mit der Leere einherging, zurückgewinnen und tut nun alles, um den Gedanken „Ich erhalte immer nur Ablehnung" zu widerlegen, indem er dem Kind (und späteren Erwachsenen) einredet, es müsse alles tun, damit es angenommen wird. Doch das ist ein Kampf gegen Windmühlen, denn „Ich erhalte immer nur Ablehnung" ist der bestimmende Faktor, der das Universum der Person gestaltet. Sie wird von nun an immer wieder Situationen erleben, bei denen sie tatsächlich abgelehnt wird bzw. glaubt, man würde sie ablehnen.

Bewusst-Sein oder „Einfach hier sein" lässt sich auch mit den Worten „Ich bin" ausdrücken. „Ich bin" enthält keinerlei Attribute, denn jedes Attribut würde wieder auf eine Person weisen, bei der sich das von seinem Wesen her freie Bewusst-Sein mit dem Körper identifiziert hat. Und genau das drückt die Aussage „Ich bin der (die), der (die) immer nur Ablehnung erhält" aus! An die Stelle von Freiheit ist Gebundenheit getreten, an die Stelle eines freien, universalen Bewusstseins tritt die Vorstellung, nur noch ein einzelnes Objekt zu sein – der Körper.

Verstehst du jetzt, was du die ganzen Jahre gesucht hast? Es ist dieses „Ich bin". Es ist die glückselige Leere des freien Bewusst-Seins, das du in Wahrheit bist – und das du seit diesem Ereignis in der Kindheit, seit der Entstehung deines Master-Konzeptes, aus den Augen verloren hast. Löse es ganz einfach auf! Es ist nichts als ein Irrtum deines Verstandes!

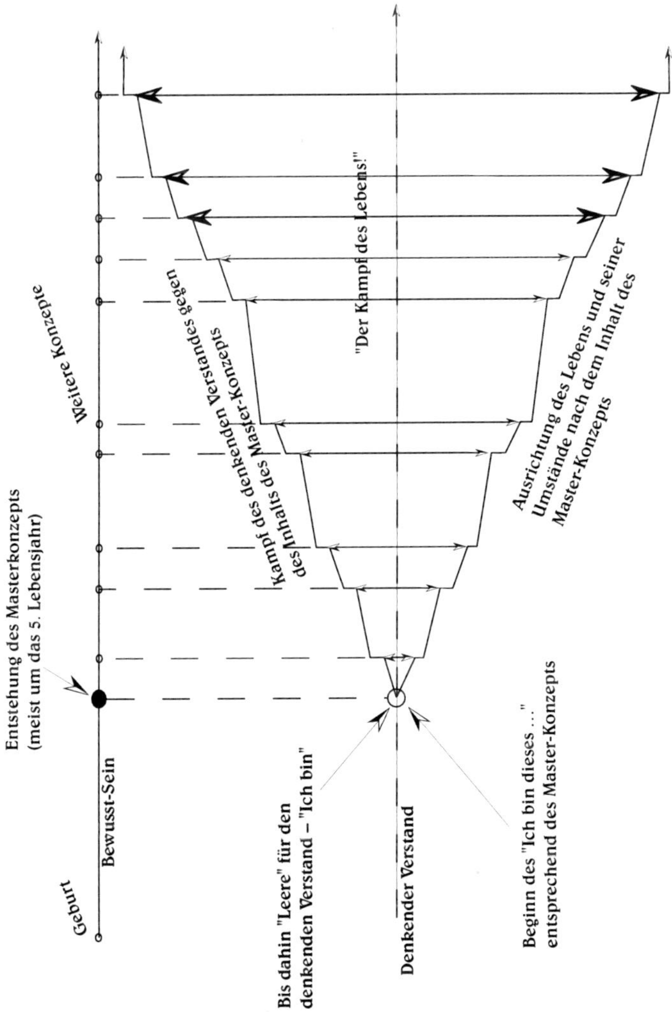
Geburt
Bewusst-Sein
Entstehung des Masterkonzepts
(meist um das 5. Lebensjahr)
Weitere Konzepte
Kampf des denkenden Verstandes gegen
des Inhalts des Master-Konzepts
"Der Kampf des Lebens!"
Ausrichtung des Lebens und seiner
Umstände nach dem Inhalt des
Master-Konzepts
Bis dahin "Leere" für den
denkenden Verstand – "Ich bin"
Denkender Verstand
Beginn des "Ich bin dieses ..."
entsprechend des Master-Konzepts

„Der Haken ist in Ihrem Verstand, der darauf besteht, dort Dualität zu sehen, wo keine ist."

*[Sri Nisargadatta Maharaj]**

* Ich bin

Akzeptanz der Person

Hast du herausgefunden, an welches Master-Konzept du dich gebunden hast? Und ist dir klar geworden, wann und unter welchen Bedingungen es entstanden ist? Erinnerst du dich an den friedvollen, glücklichen Zustand der stabilen Leere des reinen, beobachtenden Bewusst-Seins vor der Entstehung dieses Konzeptes? Und kannst du die Einengung danach fühlen? Beginnst du zu ahnen, dass du dein ganzes Leben lang dagegen angekämpft hast? Und erkennst du diesen Kampf als reine Spiegelfechterei? Als zentralen Irrtum deines Lebens? Dann wird dir in den nächsten Tagen und Wochen eine aufregende Zeit bevorstehen!

Nun werden nämlich alte Geschehnisse deines Lebens hochgespült, die für dich irgendwann einmal Bedeutung hatten, und bei einem Großteil von ihnen wirst du erkennen, dass sie nach dem Motto deines Master-Konzeptes kreiert und ausgelebt wurden. Und du wirst nacherleben, wie sehr dein Verstand jedes Mal dagegen angekämpft und damit sämtliche Konflikte erzeugt hatte, die dir widerfahren sind!

Das wird durchaus nicht immer angenehm für dich werden! Viele dieser Erlebnisse werden dir relativ schmerzhaft und teilweise schockierend in Erinnerung gebracht. Dadurch aber, dass du nun diesen unsinnigen Kampf zwischen „Ich bin“ und „Ich bin dies oder jenes“ durchschauen kannst, löst er sich Stück für Stück auf, bis am Ende im besten Falle nur noch reines Sein übrig bleibt.

Doch kämpfe dabei nicht gegen dein Master-Konzept! Lass die Finger vom gewohnten „Ich bin *nicht* dies oder jenes", sondern *akzeptiere* es als dein Konzept! Es hat dein Leben als Person bestimmt! Und jeder Kampf dagegen wäre die Fortsetzung dieses unsinnigen Lebenskampfes, der dich immer wieder mit neuen Problemen überhäuft.

Ziel dieses Prozesses ist es also, *das* wahrzunehmen und anzunehmen, *was tatsächlich ist* und nicht, es verändern zu wollen! Dass dies hart sein kann, ist leicht zu verstehen: Schließlich hast du dein ganzes Leben gegen dieses Konzept angekämpft! Und nun sollst du es plötzlich als das wahre Konzept deiner Person akzeptieren?

Tu es einfach! Es wird das, was du wirklich bist – reines beobachtendes Bewusst-Sein – von seiner engen, falschen und illusionären Verknüpfung zu deinem Körper befreien!

Hier nun ein Beispiel aus der Praxis:

Ein Junge spielte im Alter von ca. fünf Jahren Fußball und zerschoss aus Versehen eine Scheibe. Aus Angst vor einer Strafe log er, wurde aber beim Lügen ertappt. Sein Vater war streng, und so rannte aus er aus Furcht davon. Als er wieder nach Hause gebracht wurde, erwartete ihn tatsächlich eine harte Strafe.

Die Entstehung seines Master-Konzepts kann folgendermaßen ausgedrückt werden: „Ich kann davonlaufen, wie ich will: Ich bin immer der, der ausgeliefert ist." Nach dieser Erkenntnis und der Erinnerung an die Leere davor rollte sich Stück für Stück das Leben der Person vor ihr noch einmal auf, und sie konnte allmählich erkennen, dass praktisch alle wichtigen Stationen ihres Lebens von scheinbar unbekannter Hand so geformt wurden, dass sie dem Master-Konzept entsprachen.

„Mir wurde klar, dass ich mich ein Leben lang nicht nur gewehrt hatte, Personen gegenüber ausgeliefert zu sein, sondern mein Wehren ging gegen das „Leben an sich". Immer hatte ich Souveränität gesucht, keiner Situation wollte ich mich „ausliefern". Nichts und niemand sollte mich angreifbar erleben und damit verletzen können. Schon allein bei dem Gedanken daran stellten sich mir die Haare auf! Und nun. In dem Moment, wo ich dieses tatsächliche Ausgeliefertsein zu akzeptieren versuchte, brach ein unglaublicher Schmerz aus mir heraus. Dabei waren die zwei Stunden, die dem folgten, und in denen sich etwas abspielte, das ich wie ein Drama empfand, völlig ungewohnt für mich. Es war, als gäbe es vor mir eine Art Trennungslinie: Links von der Linie lag die Beobachterposition und rechts die Erschütterung. Ein kleiner Schritt über diese Linie hinweg reichte, und ich war von heftigster Auflösung schlagartig in Ruhe und dann wieder am Zittern und Heulen und dann wieder in Ruhe und und und … Ein immerwährendes Hin und Her, bei dem es aber auch so etwas wie Veränderung gab: Anfangs wollte ich nur noch sterben, so ausweglos schien mir alles, wenn das Gefühl hochkam, dass ich kein Macher, sondern ein Ausgelieferter war, alles schien im Zusammenbruch zu enden. Doch je mehr ich den Schmerz darüber zuließ, desto besser konnte ich die Hilflosigkeit, die Armseligkeit meiner Position anschauen. Das war wie in Wellen: Wenn der Schmerz zu groß wurde, ging ich in die Beobachtung, wurde wieder ruhig, und dann kam die Kraft zurück, erneut in den Schmerz zu gehen. Und das Verrückteste dabei war: Ich spürte immer mehr, dass ich es in der Hand hatte, zu wählen, welche Seite der Trennungslinie ich betreten wollte, ob ich also der Schmerz über meine armselige Hilflosigkeit sein wollte oder die erschöpfte Ruhe, die mir wie ein leerer Frieden vorkam. Bis ich mich beinahe wie ein Artist vorkam, der von links nach rechts sprang und umgekehrt und damit in Sekundenschnelle die gegensächlichsten Zustände auslöste, von denen mich jeder mit gleicher Intensi-

tät erfasste. Zum Schluss schien mir das ganze Ego eine Seifenblase zu sein, die vorn und hinten keine Wahrheit mehr hat und nur angepiekt werden muss, damit sie zerplatzt. Sie ist nicht zerplatzt – es ist bei der Ahnung geblieben, aber ich bin weit nach Mitternacht völlig erledigt ins Bett gewankt."

„Die Dinge sind so wie sie sind, weil Sie
sie so akzeptieren wie sie sind. Hören Sie auf,
sie zu akzeptieren, und sie werden sich auflösen.
Alles, woran Sie mit Begierden und Ängsten
denken, erscheint vor Ihnen, als sei es real.
Betrachten Sie es ohne Begierden und Ängste,
und es wird an Substanz verlieren."

*[Sri Nisargadatta Maharaj]**

* Ich bin

Ich liebe es …

Im Master-Konzept drückt sich die massivste Verkettung des Bewusstseins mit einem Körper aus. Deswegen ist die Auflösung all seiner Facetten ein längerer Prozess, der immer wieder auch auf Widerstände stößt.

Immer mehr Geschehnisse der Vergangenheit werden auftauchen, die teilweise Angst und Panik erzeugen, die uns aber auch zum Staunen bringen. Der denkende Verstand, der dieses Konzept und den Kampf dagegen zu seinem Lebensinhalt gemacht hat, will eines auf alle Fälle nicht: das Konzept und den Kampf dagegen freiwillig loslassen. Wogegen sollte er dann noch kämpfen?

Um das Master-Konzept in seiner ganzen Tragweite zu durchschauen und es damit vollständig zur Auflösung zu bringen, empfehle ich einen etwas ungewöhnlichen Schritt: Nämlich für einige Zeit scheinbar das Gegenteil des Loslassens zu praktizieren und das Master-Konzept in aller Liebe zu „umarmen". „Ich liebe es …" – und zwar aus ganzem Herzen! Genau damit wird der Verstand, der ein Leben lang gegen das Konzept gekämpft hat, nicht zurechtkommen, und er wird es damit endgültig aufgeben, dieses Master-Konzept als Triebfeder des Lebens zu betrachten. Und damit kann sich das Konzept nun wirklich auflösen. Es wird zu einem Gedanken wie andere Gedanken auch, die kommen und gehen, und das heißt: Das Bewusst-Sein kann es als nicht zu ihm gehörig erkennen.

Hier nun weitere Erfahrungen der Person aus dem letzten Kapitel:

„Ich hatte Fußball gespielt und war in dem Moment reines Spiel. Im Sinne Sri Nisaragadatta Maharaj's, der sinngemäß gesagt hatte „Du bist nicht der Wahrnehmende, du bist die Wahrnehmung" würde ich in diesem Falle sagen: „Ich war nicht der Spielende, ich war das Spiel". Dann kam das zerschossene Fenster und die Lüge, weil ich der Strafe meiner Eltern entgehen wollte. Offenbar wusste ich um den Jähzorn meines Vaters. Ich bin abgehauen, wollte zu meinen Großeltern, meine Mutter hatte mich eingefangen und meinem Vater „ausgeliefert", was ich ihr jahrelang verübelt hatte: Ihr hatte ich innerlich vorgeworfen, mich zum „Ausgelieferten" gemacht zu haben. Dann kam die Strafe, mit ihr eine Art Todesangst – es war wohl tatsächlich so etwas wie das „Sterben" einer Freiheit –, und dann das Gefühl: „Ich will nie wieder jemandem ausgeliefert sein!" Das genau hat mein Ego dann offenbar zu seinem zentralen Wunsch erhoben: Mit 14 Jahren bin ich von zu Hause weggegangen, in die „Freiheit", wie ich meinte, denn jede Art von Abhängigkeit war mir ein Grauen! Ich wollte der Macher sein, der Souveräne, der Chef, der Gestalter. Doch nichts von dem hatte mich zufriedengestellt, irgendwie schien es mir irgendwann immer wieder sinnentleert. Ich habe die Länder gewechselt, die Berufe, die Beziehungen, offenbar um immer wieder „von unten", also anderen „ausgeliefert", anzufangen. Das Paradoxe dessen macht mir immer noch zu schaffen. Warum hat es mich ein Leben lang in das „Ausgeliefertsein" gezogen, wo ich doch im Grunde das Gegenteil wollte?

Deswegen habe ich in den letzten Tagen – meist abends – versucht, das Gefühl des „Ich liebe es, ausgeliefert zu sein" herzustellen. Das war nicht einfach, aber es ging. Und die Wirkung war tatsächlich verblüffend, denn ich habe dabei Flashs erlebt, über die ich nur staunen konnte: Wie Bälle nämlich sprangen die Ängste und Zweifel und Skrupel dabei von mir ab, wenn ich dieses „Ich liebe es...“ tatsächlich nachempfinden konnte, und die „Bälle“ trudelten immer weiter von mir weg, bis sie irgendwann hinter dem Obstgarten verschwanden. Und zurück blieb, wenn ich wieder in das Gefühl des Ausgeliefertseins ging, weniger und weniger. Gestern Abend schließlich hatte ich mich danach völlig frei gefühlt von dieser Angst. Und ein Gefühl kam auf, das ich vorher nicht für möglich gehalten hätte: Dass es durchaus etwas Spannendes, vielleicht sogar Reizvolles haben könnte, sich auszuliefern! Und das brachte mich zum Lachen. Ein faszinierendes Phänomen, das ich mir nur dadurch erklären konnte, dass der Wunsch, mich niemals ausliefern zu müssen, mit dem „Ich liebe es, ausgeliefert zu sein“ quasi „entklebt“ worden war. Er war mit den Bällen der Ängste und Zweifel und Skrupel in der Leere verschwunden!

Es muss also eine merkwürdige Wechselwirkung zwischen dem Wunsch, sich niemals ausliefern zu müssen und dem Wunsch, sich aus dem Gefühl der Liebe heraus auszuliefern, bestehen. Beide sind – wie das Gegensetzpaar Liebe und Hass – offenbar nicht zu trennen, beide haften wohl immer als Paar an dem, was wir als unsere Person betrachten, und beide haben in Wirklichkeit keine Wirklichkeit und trudeln – wie die oben beschriebenen Bälle – von dem weg, was ich, wie ich immer mehr zu ahnen beginne, in Wirklichkeit bin.

Wenn ich bewusst und immer noch absichtsvoll ins „Ich bin“ gehe, kann ich das sehr genau sehen. Und manchmal nicht nur dann: Heute zum Beispiel, nach dem Aufstehen, überfiel mich einen Moment lang ein Gefühl von Resignation, wenn ich an meine Zukunft dachte. Und schlagartig – ohne es mir zu sagen – war mir klar, dass da etwas war, das nichts mit meinem Selbst zu tun hatte. Instinktiv war ich in der Haltung des Beobachtens, und das Gefühl verschwand genauso schnell, wie es gekommen war. Gleichzeitig habe ich aber auch gespürt, dass da so etwas wie der Wunsch war, resignieren zu dürfen. Also bin ich noch einmal in die Resignation gegangen und habe mir gesagt, dass ich es liebe, wenn ich resigniere. Und damit trudelte auch dieses Gefühl von mir weg. Und ich war frei von beidem. Das sind Erfahrungen, bei denen ich immer noch staune!

„Jedem Gedanken wohnt eine entsprechende Wirkung inne.“
*[Rumi]**

* Die Karawane der Träume

Weitere Ego-Konzepte

So viele Facetten das Leben hat, so viele Konzepte entstehen in dessen Verlauf. Sie alle definieren eine Person und deren Welt, und sie haben letztlich nur ein Ziel: Das Ego zu stärken und auf diese Weise die Identifikation des Bewusst-Seins mit dem Körper so lange beizubehalten, wie dieser Körper lebt.

Bitte erinnere dich: Das Bewusst-Sein braucht diesen Körper, um die Welt wahrzunehmen. Ohne lebendigen Körper gibt es keine Wahrnehmung! Wir schauen als Bewusst-Sein gewissermaßen von außen *durch* diesen Körper auf unsere Welt. Entscheidend im Sinne des Erwachens ist es, die Vorstellung loszulassen, dass das Bewusstseins *ausschließlich* mit deinem Körper identifiziert wäre, es wieder zu einem rein beobachtenden Bewusstsein werden zu lassen, das erkennt, dass es mit der ganzen Welt identifiziert ist. Auch wenn alle Ego-Konzepte endgültig aufgelöst worden sind, wird die Welt weiterhin *durch* diesen Körper wahrgenommen und gefühlt, und es wird weiterhin den Anschein haben, als sei dieser Körper „mein" Körper. Die gelegentliche Annahme, wir würden mit dem Erwachen zu „ätherischen Wesen", ist deswegen reiner Unsinn.

Nachdem sich das Master-Konzept aufgelöst hat, erfolgt die Auflösung aller weiteren Ego-Konzepte nach und nach, ohne dass wir diesen Prozess tatsächlich „steuern" könnten. Er *passiert* einfach, wenn wir im Zeugenbewusstsein verbleiben und die Gedanken und Gefühle über uns und die Welt distanziert beobachten, wenn wir bereit sind, alles wahrzunehmen, was kommt – auch unangenehme Gefühle, geistige Bilder von Schmerz, Leid und Grauen. Was wir in solchen Momenten sehen und fühlen und spüren, *sind* wir nicht! Es sind fast schon lächerliche Horrorerscheinungen, die das Ego in seinem Todeskampf produziert, um uns abzuschrecken. Wenn wir uns nicht einmischen, nicht interpretieren, uns nicht in den Gefühlen und Bildern verhaken, werden sie ebenso schnell gehen, wie sie gekommen sind – wie Wolken, die am Himmel vorüberziehen. Es ist immer wieder verblüffend, wie schnell sich Ego-Konzepte, wenn wir sie nicht an uns heranlassen, sondern sie lediglich beobachten, praktisch im Handumdrehen in Luft auflösen. Oft können wir uns nach ein, zwei Tagen nicht einmal mehr an sie erinnern. Und die Veränderungen, die dann mit uns passiert sind, bemerken wir oft erst nach Tagen, manchmal gar erst nach Wochen, und sie treten maßgeblich im Außen auf.

Lassen wir dazu noch einmal den damals kleinen Fußballspieler aus den vergangenen Kapiteln zu Wort kommen:

„Gestern Nacht kam eine leichte Übelkeit auf, ein Bohren im Magen, das irgendwie herauswollte. Also bin ich in dieses Gefühl gegangen, habe es mir angeschaut und gesehen, wie es sich zu einem Monster aufblies. Als würden Schlangen oder Krakenarme aus meinem Körper ausbrechen und in Richtung Kehle drängen. Das war zwar einen kurzen Moment lang erschreckend, doch irgendwie hatte es auch etwas von einer Sensation. Und das Interesse an dieser Sensation war stärker als der „unbeteiligte Beobachter" in mir. Irgendwann hatte ich nur noch das Verlangen, zu erkennen, was hinter diesen Monstern steckt. Und mit diesem Verlangen habe ich eingegriffen in das innere Geschehen und manipuliert und manipuliert – bis ich mitbekam, dass ich stecken geblieben war und aus dieser Hal-

tung nicht mehr herauskam. Es ist also wirklich nicht einfach, in der Beobachterposition zu bleiben!"

Und ein anderes Erlebnis von ihm:

Es ist faszinierend! Gedanken und Gefühle kommen und gehen, und ich kann daneben stehen, ohne mich in irgendeiner Weise darin zu verstricken! Ein Unlustgefühl kommt? Okay, in der nächsten Minute ist es weg. Überdruss? Weg. Und Ängste, die im Moment ohnehin eher so etwas sind wie Erinnerungen (und meist kurz nach dem Aufstehen auftauchen), laufen ebenso ins Leere wie Panikattacken, die ich kaum noch als „Attacken" bezeichnen kann. Im Grunde hätte ich das gar nicht mitgekriegt – so automatisch läuft das mittlerweile ab –, hätte mich nicht eine Freundin angerufen und sich meinen Zustand schildern lassen. Erst in dem Moment war es mir aufgefallen!

Aber zurück zum Master-Konzept: Ich habe die Idee aufgegriffen, den ihm zugrundeliegenden Konflikt gedanklich in die Gegenwart zu holen und noch einmal zu durchleben. Gestern hatte das keinen Effekt, zu ungewohnt war die Vorstellung, als Erwachsener seinem Vater „ausgeliefert" zu sein. Natürlich hätte ich mich heute wehren können! Also hatte ich die Übung als „absurd" abgetan. Doch heute habe ich es noch einmal probiert – es ist ja „nur" Fantasie, hatte ich mir gedacht und damit gemerkt, dass meine Skrupel wohl eher Berührungsängste waren. Also habe ich in meiner Fantasie als Erwachsener Fußball gespielt, die Scheibe eingeschossen, gelogen, bin weggerannt, eingefangen worden und habe die Schläge meines Vaters ertragen. Und witzig: Bei der ganzen Aktion war nicht einmal ein Rest von Ausgeliefertsein zu spüren. Ich stand voll und unberührt daneben und konnte spüren, dass all das, was mich als Kind in hellste Panik versetzt hatte, mein Selbst nicht einmal mehr tangierte. Wenn ich jetzt in das Gefühl „Ich bin der Ausgelieferte" gehe, gibt es zwar noch ein leises Ziehen, aber es grummelt nicht einmal mehr im Magen. Und wenn ich mir das Ziehen anschaue, geht es ebenfalls weg – es war lediglich aufgetaucht, wie eine Gewohnheit.

„Was du aufgabst ist nicht wichtig, sondern was du noch nicht aufgegeben hast. Finde es heraus und gib auch das auf. Sadhana, die spirituelle Praxis, ist die Suche nach all dem, was aufgegeben werden muss. Leere dich selbst ganz und gar."

*[Sri Nisargadatta Maharaj]**

* Ich bin dieses Eine

Im zeit- und raumlosen Jetzt

Eines Nachts beginnt ein Traum. Das Datum auf dem Kalender, den du in diesem Traum erblickst, ist der 15. Juli 2003. Nun begegnest du im Traum einem anderen Menschen. Dieser erzählt dir von Platon, und dass dieser 427 v. Chr. geboren wurde. Wurde nun Platon in deinem Traum tatsächlich 427 v. Chr. geboren? Natürlich nicht, schließlich fing der Traum eben erst, am 15. Juli 2003 an. Was hat es dann mit Platon auf sich? Du hast ihn in deinem Traum am 15. Juli 2003 kreiert! Mit samt seinen Lehren!

Raum und Zeit sind Konzepte, die mit der Entstehung deines Universums aufsteigen. Sie sind die Grundbedingung, dass es ein Universum geben kann und einen Verstand, der ja nur in Zeitabläufen und Räumen denken kann. Hört das Denken auf, bricht auch das Konzept von Raum und Zeit zusammen, und du findest dich im zeitlosen *Jetzt* wieder. Räumliche Vorstellungen und die erdachte Vergangenheit schwinden dahin.

Dein dir so real erscheinendes Universum ist bei deiner Geburt entstanden – so wie ein Traum erscheint. Und auch Buddha, Jesus, Cäsar und all die anderen sind dabei *als Idee* erschienen. Es gab nichts vor deiner Geburt außer dich selbst, außer das also, was du wirklich bist.

Das mag dir vielleicht als kühne Behauptung erscheinen. Schließlich hast du Goethes oder Schillers Gedichte schon in der Schule lernen müssen – beweist das nicht, dass es sie gegeben haben muss? Und steht nicht in Rom noch das „Kolosseum“ als manifestierter Zeuge römischer Vergangenheit? Ja – es steht in deinem Traum, den dein Selbst von dieser Person in ihrer Welt und ihren Zeitabläufen träumt!

So lange du etwas wahrnimmst, scheinen Raum und Zeit real zu sein, aber sie sind es eben nur für den Verstand. Tatsächlich geschieht alles im zeitlosen *Jetzt,* und alles, was wir als vergangen annehmen, sind nur Gedanken, die wir im *Jetzt* denken. Du sagst zum Beispiel, dass du dich an einen Zeitpunkt erinnerst, als du Kartoffeln gegessen hattest. Gut! Aber wann hast du diese Erinnerung? *Jetzt*! Alles spielt sich im *Jetzt* ab, auch deine Gedanken der Erinnerung. Was du also über gestern von dir weißt, ist nur ein Gedanke im zeitlosen *Jetzt,* dem du einen Vermerk mit der Aufschrift „Erinnerung" verpasst hast!

Real ist lediglich, *dass* du im zeitlosen Jetzt wahrnimmst. Alles, was darüber hinausgeht – selbst der Inhalt deiner Wahrnehmung – ist eine Interpretation deines Verstandes.

Wenn du das erste Mal alles Denken von dir abschüttelst, indem du über jegliche Wahrnehmung der Welt und über jegliche Wahrnehmung deines Verstandes hinausgehst – und das mag anfangs nur in Bruchteilen von Minuten passieren –, wirst du dich im reinen zeit- und raumlosen *Jetzt* wiederfinden. „Satori" nennen es die Japaner. Von „reiner Ekstase", in dem es kein Ich mehr gibt, könnten wir hierzulande sprechen. Es ist der Zustand eines fantastischen Glücksgefühls, das fortan den Hintergrund deines Lebens bilden wird!

„Alles als einen Traum zu erkennen, befreit uns. Die Essenz der Sklaverei ist die Vorstellung, dass man ein Prozess sei, eine Vergangenheit und eine Zukunft, eine Lebensgeschichte habe."

*[Sri Nisargadatta Maharaj]**

* Ich bin

Das „Ich bin" - Konzept

„Im Anfang war das Wort, und das Wort war *bei* Gott." Damit beginnt das Johannis-Evangelium des Neuen Testaments, und die Aussage, die dort über Jesus gemacht wurde, trifft „wie die Faust aufs Auge", wenn wir uns das Konzept des „Ich bin" nun noch einmal genauer ansehen. Das Wort ist nicht Gott – sagt das Zitat –, es ist „bei" Gott, und so ist auch das „Ich bin" nicht dein Selbst, es macht es dir lediglich erleb- und damit erkennbar. Denn so wie Gott nicht „dieses oder jenes" sein kann, so ist auch dein Selbst nicht ein vom Verstand begreifbares „dieses oder jenes". Insofern ist das „Ich bin" letztlich nur ein Konzept, ein Wegweiser – wenngleich der direkteste Wegweiser – zu dir selbst.

Welche Erkenntnisse offenbart dir nun der Zustand des „Ich bin"?

- Ich bin, ich existiere! Ich kann es nicht leugnen.
- Wenn ich mich nicht wahrnehme, wenn ich mir also nicht bewusst bin (wie zum Beispiel im Tiefschlaf), gibt es für mich keine Welt. Es gibt dann auch kein „Ich", das „ich" zu irgendetwas sagen könnte. Ich mag beim Aufwachen „denken", ich hätte geschlafen, aber das kann ich mir selbst nie beweisen! Die Worte anderer können keine Beweise für mich sein, denn auch sie existieren für mich im Tiefschlaf nicht.
- Nur weil „ich bin", kann ich die Welt wahrnehmen, denn nur weil „ich bin" existiert sie.

- Meine Welt, mein durch mich erschaffenes Universum, wird durch Gedanken bewegt. Es sind nicht wirklich „meine" Gedanken, denn ich weiß nicht, wie sie kommen, warum sie kommen und woher sie kommen.
- Die Gedanken, etwas „anders" haben zu wollen, als es ist, laufen ins Leere. Sie haben keine Substanz.
- Ebenso wie mein strebendes Denken, das ein willentlicher Akt ist, um Einfluss auf das Geschehen zu nehmen.
- Denn alles, was sich im Universum auftut, läuft so ab, wie es eben abläuft.
- All mein Denken darüber ist eine Illusion.
- Alles, was auf mich und meinen Besitz in diesem Universum verweist („ich und mein Körper", „ich und mein Geschlecht", „ich und meine Gefühle", „ich und mein Denken", „ich und meine Welt") ist ebenfalls eine Illusion.
- Denkkategorien von „mein", „ich", „ich will", „ich muss", „ich soll", usw. binden mich an diese Welt. Sie sind verantwortlich dafür, wenn ich mich mit Sorgen herumquäle.
- Sie verweisen *nicht* auf mein wahres Selbst, denn das, was ich wirklich bin, kennt kein „ich" als Person.
- Deswegen ist die Begrenzung auf ein einzelnes Wesen im Universum eine illusorische Begrenzung.
- Ich kann alles beobachten. Selbst der Beobachtung kann ich mir gewahr sein.
- Ich bin frei, wenn ich akzeptiere, was ist.
- „Ich bin", und der Rest ist Illusion! Ein Traum. Nichts weiter!

Hier nun noch ein beeindruckendes Erlebnisbeispiel, wenn das strebende Denken beendet wird und man sich des ersten, ursprünglichen Konzepts („Ich bin") nähert:

Die Bäume bewegten sich im Wind. Wolken schoben sich vor den Mond. Die Kuh arbeitete an einem Bretterstapel. Ich nahm es wahr, aber wie verdunstende Regentropfen auf dem Weg von den Wolken zur Erde befleckten die Eindrücke nichts. Als kämen sie nicht an, wo ich war. Illusionen? Träume?

In dem Moment fielen mir Sri Nisargadatta Maharajs Worte ein: „Bleibe im Ich bin!"

Und das tat ich. Jetzt aber ohne zu sehen, ohne zu fühlen, was um mich herum vor sich ging. Ich blieb einfach. Lange. Und spürte, wie dieses „Ich bin" sich immer mehr ausweitete, wie es sich über meine Sinne schob und mich etwas spüren ließ, das mit dem Universum nichts mehr zu tun hatte. Es nahm nicht mehr wahr, es brauchte nicht mehr meine Augen und Ohren, und es war trotzdem „gewahr". Es hatte nichts mehr mit mir zu tun – mein Ich war mit meinen Sinnen verschwunden – und mit dieser Welt schon gar nicht. Und trotzdem schloss es dieses „Mich" und die Welt ein. Es war keine Leere und keine Fülle. Jenseits von Stille und Geräusch. Jenseits von Frieden und Kampf. Einfach nur Sein. Alles umfassendes Sein. Unteilbar. Unbegrenzt. Unberührbar. Unbeschreibbar.

Ein wahnsinniges Erleben!

„Wenn ich sagte: 'Ich bin', dann meinte ich damit nicht eine separate Einheit mit einem Körper als deren Kern. Ich meine die Gesamtheit des Seins, das Meer des Bewusstseins, das gesamte Universum aller Existenz und allen Wissens. Ich begehre nichts, denn ich bin auf ewig vollkommen und ganz."

*[Sri Nisargadatta Maharaj]**

* Ich bin

Die Auflösung des Egos

Je mehr Konzepte sich aufgelöst haben, desto klarer erkennen wir, dass unser Ego, das uns bis dahin so wichtig war, tatsächlich nur die ausschließliche und damit illusionäre Identifikation dessen, was wir wirklich sind – Bewusst-Sein – mit unserem Körper ist. Spätestens dann erkennen wir auch, dass das gesamte Universum vom Bewusst-Sein geschaffen ist, aus einem unbeeinflussbaren Strom von Gedanken besteht und deswegen vollständig von selbst abläuft. Von dem Moment an erkennen wir uns als Zuschauer dieses prächtigen Schauspiels, das Leben genannt wird, und in das wir noch nie wirklich involviert waren – obwohl es immer so schien. Dieser Zustand wird in den alten indischen Lehren *lila*, das Schauspiel Gottes, genannt. Er ist so tief in uns verwurzelt, dass – anders als im nächtlichen Traum, der beginnt und endet – dieses ursprüngliche Schauspiel, diese großartige Illusion, auch dann weiter besteht, wenn wir es als Schauspiel, als Illusion, als Traum erkannt haben. Doch damit hat es seine Dominanz über uns verloren. Wir sind nicht mehr die Figuren dieses Schauspiels, wir sind Zuschauer und als solche der „Dramaturgie des Lebens" nicht mehr ausgeliefert.

Bedeutet das nun, dass wir von dem Moment an ein für allemal befreit sind von Schmerz und Leid, von Sorgen und Nöten? Ganz sicher nicht! Wenn wir – die wir uns als Bewusst-Sein erkannt haben – uns auch nicht mehr nur mit unserem Körper identifizieren, so besteht dieser Körper doch weiterhin, und er wird sich den Umständen entsprechend weiterhin winden und seine gewohnte Ausdrucksart zur Schau stellen. Auch die Umstände im Außen werden sich für ihn nicht zwangsläufig ändern. Aber auf eine subtile Weise ist keiner mehr da, der sich mit diesem Körper windet und mit ihm leidet. Denn das, was wir wirklich sind, ist unberührt von all dem – eine Erkenntnis, die sich mit Freude paaren wird und einem unbändigen Gefühl von Unabhängigkeit und Freiheit.

Ein Urknall also im Moment der Erkenntnis? Dreht sich die Welt nun plötzlich anders herum? Wiederum: Für gewöhnlich nicht! Wenngleich die Erkenntnis der eigenen Egolosigkeit und auch der Egolosigkeit der gesamten Welt größtenteils plötzlich und unerwartet eintritt, wirken sich die Veränderungen meist erst allmählich und sehr subtil aus, und es wird immer wieder auch Rückschläge geben. Doch insgesamt werden wir äußere Geschehnisse gelassener bewerten als früher, wir werden merken, dass kritische Lebensumstände uns wenig oder nur kurzzeitig oder gar nicht mehr „berühren", und wir werden damit spüren, dass wir zunehmend unabhängiger werden.

Bevor es dann zu der endgültigen Auflösung des Egos kommen kann, wird die Person „sterben". Und das heißt: Über den Verstand, der „ich" sagt und damit eine einzelne, getrennte Persönlichkeit meint, wirst du als Bewusst-Sein den Sargdeckel zuklappen müssen. Unterschätze das nicht! Da wir bisher alle Betrachtungen über uns und die Welt ausschließlich von diesem strebend-denkenden Verstand abhängig gemacht haben, wird das ein außerordentlich schmerzhafter Vorgang sein!

Denn: Kein Mensch will wirklich sterben. Sogar Selbstmörder werden bestenfalls durch Umstände in den Tod getrieben. Und so kannst auch du nicht aus „freiem Willen" deinem Ego den Todesstoß verpassen. Erwachen kann überhaupt erst passieren, wenn der Wunsch nach dem Leben *und* der Wunsch nach dem Sterben verschwunden sind – ein Zustand, den letztlich nur das Unbekannte bewerkstelligen kann. Du wirst also über kurz oder lang durch Zeiten gehen, in denen du überhaupt nicht weißt, was mit dir geschieht: Ob du tatsächlich dem gewöhnlichen Tod in die Augen schaust und auf ihn zuschreitest, oder ob sich „nur" dein Ego auflösen wird. Nicht einmal den Zeitrahmen dieses Prozess kannst du beeinflussen – er kann von einigen Wochen bis hin zu Jahren dauern. Einziges „Trostpflaster": Du wirst nie mehr Schmerz und Leid dabei erfahren, als du gerade noch verkraften kannst. „Selbstmord ohne Strick" – nannte es ein Freund von mir.

Dazu eine Beschreibung des Christen *Johannes vom Kreuz*:

„Das Göttliche stößt in ihn hinein, um ihn zu kochen und zu erneuern und zu vergöttlichen, indem es ihn von allen angewöhnten Neigungen und Eigenschaften des alten Menschen, mit denen er noch sehr vereint, verquickt und verbunden war, entblößt. So sehr zerstückelt und zerschneidet das Göttliche den Wesenskern des Geistes – dadurch dass es ihn in eine tiefe und unauslotbare Finsternis hineinzieht – dass der Mensch sich im Angesicht und Anblick seiner Armseligkeit in einem grausamen geistlichen Tod auflöst und zerschmolzen fühlt. Er fühlt sich, wie wenn ein wildes Tier ihn verschluckt hätte und er in dessen dunklen Bauch verdaut würde, und erleidet dabei dieselbe Angst wie Jona im Bauch des Meeresungeheuers (Jona 2,1). In diesem Grab des dunklen Todes muss er verbleiben für seine geistliche Auferstehung, die er erwartet."

*[Johannes vom Kreuz]**

Vor dieser „geistlichen Auferstehung" hast du dich als Bewusst-Sein so ausschließlich mit deinem Körper identifi-

* Die dunkle Nacht

ziert, dass du geglaubt hast, du wärest *nur* dieser Körper, und das Universum befände sich außerhalb deiner selbst. Mit dem Verschwinden dieser falschen Vorstellung wird dir jedoch zunehmend klarer werden, dass du als Bewusst-Sein mit *allem* identifiziert bist, was du wahrnimmst. Und so wirst du begreifen, dass du *alles* bist: „Alles, was ich wahrnehme, *bin* ich"! Und das heißt nichts Anderes als: „Das gesamte Universum befindet sich in mir!"

Ist das nun die letzte Wahrheit?

Lass uns noch einen Schritt weiter gehen – auch wenn er dich vielleicht verwirrt: Das Bewusst-Sein, als das du dich erkannt hast, existiert nur im Wach- und im Traumzustand – im Tiefschlaf ist es sich nicht bewusst, es existiert also nicht als Bewusstsein. Es steigt mit der Wahrnehmung auf – am Morgen und zu Beginn eines Traums –, und es vergeht mit dem Beenden der Wahrnehmung – also beim Einschlafen und am Ende eines Traums. Und trotzdem weißt du sicher: Du musst auch im Tiefschlaf existiert haben!

„Nimm die Vorstellung ‚Ich wurde geboren'.
Du bist es, der sie wahr werden lässt.
Doch sie ist nicht wahr. Du wurdest niemals
geboren, noch wirst du sterben. Die Vorstellung
ist es, die geboren wurde und sterben wird.
Nicht aber du."

*[Sri Nisargadatta Maharaj]**

Wer oder was bist du dann wirklich? *Sri Nisargadatta Maharaj* hat diese Frage in einer interessanten Form gestellt: *„Was warst du acht Tage vor deiner Empfängnis?"* Bewusst-

* Ich bin dieses Eine

sein sicher nicht! Wenn du alle Vorstellungen – von der „ewigen Seele“ bis zum „Wiedergeborenen“ – als reines Hörensagen ablehnst: Was bleibt dann als Antwort? Leere, nicht wahr? Reine Leere!

„Der Beobachter, die Beobachtung und die beobachtete Welt erscheinen gemeinsam und lösen sich gemeinsam auf. Hinter all dem steht die Leere. Die Leere ist alles, was ist.“

*[Sri Nisargadatta Maharaj]**

* Ich bin dieses Eine

„Ist es nicht einfach genug zu verstehen, dass ein bloßes Objekt, eine Erscheinung – und mehr ist ein physischer Körper nicht – unmöglich irgendeine Handlung vollziehen kann, als sei er eine unabhängige Wesenheit? Nur, wenn sich das Unpersönliche Bewusstsein in seinem gesamten Funktionieren selbst manifestiert, indem es Objekte schafft und sich mit diesen Objekten identifiziert, entsteht die Vorstellung eines persönlichen 'Ich'. Diese Vorstellung ist die Ursache des 'Gebundensein', indem aus dem 'Ich', der reinen Subjektivität, ein objektives, getrenntes 'Ich' gemacht wird. Dieses 'Ich' – die Ich-Vorstellung, das Ego – ist die eingebildete Fessel, von der man Befreiung sucht."

*[Sri Nisargadatta Maharaj]**

* Pointers

Gewahrsein – Nicht-Sein

Ist dein Verstand jetzt am Durchdrehen? Hat er Schwierigkeiten, überhaupt noch folgen zu können? Lass dich nicht beunruhigen – das ist völlig normal! Je weiter nämlich unsere Erkenntnisse voranschreiten, desto mehr „entleeren" sich die Begriffe, die wir für deren Beschreibung verwenden. Denn die Zustände, über die wir reden, sind im Grunde überhaupt nicht mehr beschreib*bar*. Jeder stellt sich beispielsweise etwas Anderes unter der „Leere" vor, und jeder hat ein anderes Gefühl dazu – den einen beängstigt sie, den anderen befreit sie, einer erlebt sie als „Fülle", der andere als „Mangel". Doch das alles sind nur Vorstellungen, die aus unseren Erfahrungen, aus dem völlig überforderten Verstand also kommen. Und der hat in jenen Bereichen, die weit jenseits von ihm liegen, nun wirklich nichts mehr zu melden. Auch wenn er es immer wieder versucht.

Wie im vorangegangenen Kapitel, in dem wir uns gefragt hatten, was wir sind, wenn das Sein sich nicht bewusst ist, wenn es also kein Bewusst-Sein gibt – wie im Tiefschlaf oder, nach *Sri Nisargadatta Maharaj*, „acht Tage vor deiner Empfängnis". Hatte da nicht auch der Verstand sofort angefangen aufzubegehren im Sinne von: „Dumme Frage!" Und: „Wer soll das schon wissen?" Er gewiss nicht! Und trotzdem wird den meisten das Gefühl, das als Antwort auf die Frage aufkam – eben diese unbeschreibbare, undeutbare „Leere" – irgendwie vertraut vorgekommen sein. Irgendwie wahr. Obwohl wir sie im Grunde nicht „verstehen" können, scheint sie zu uns zu gehören.

Das tut sie tatsächlich: Sie ist jener Zustand, in dem sich unser wahres Sein offenbart. In dieser absoluten Leere kann es keine Trennung mehr geben – es ist nichts da, was getrennt werden könnte. Kein Ich, also auch kein Du; kein Innen, also auch kein Außen; kein Raum, also auch keine Zeit; kein Anfang, also auch kein Ende. Nicht einmal von seinem Gegensatz, der alles erfassenden Fülle, kann die Leere getrennt werden! Insofern ist sie tatsächlich „allumfassend". Alles erscheint in ihr und vereinigt sich wieder mit ihr, wie Wellen auf dem Ozean – ein Bild, das von den Weisen immer wieder benutzt wird.

Und so „erscheint" auch das Bewusstsein, als das wir uns empfinden, und vereinigt sich, im Tiefschlaf etwa, wieder mit der Leere. Es ist nur ein *Aspekt* unseres wirklichen Seins, der immer dann auftritt, wenn wir uns und die Welt wahrnehmen – das, was wir fühlen und denken und mit unseren Sinnen erfassen. Im Wachzustand sind wir also Bewusst-Sein als *einen* Aspekt der Leere.

Stellen wir uns nun etwas anderes vor: So wie wir mit den Wellen gleichzeitig den Ozean sehen, so ist es möglich, mit unserer Wahrnehmung gleichzeitig die Leere zu spüren, aus der sie aufsteigt, und aus dieser Leere heraus können wir das Bewusst-Sein „wahrnehmen". Diesen Zustand bezeichnen wir als „Gewahr-Sein". In ihm beobachten wir also nicht mehr das Wahrgenommene, sondern wir beobachten das in uns, was wahrnimmt (oder nicht wahrnimmt) – das Bewusstsein also. Das ist keine erkenntnistheoretische oder rein abstrakte Annahme – im Gegenteil! Jeder kennt diesen Zustand, ob er ihm nun bewusst ist oder nicht. Als du die Gedanken und Gefühle als nicht zu dir gehörig erkannt hattest, warst du dir „gewahr". Und du warst das gleiche Gewahr-Sein, als du den Irrtum des Bewusst-Seins, sich ausschließlich mit deinem Körper zu identifizieren, erkannt hattest! Und noch etwas: Wer anders als dein Gewahr-Sein könnte dich auf die Suche geschickt haben, damit der Irrtum eines Tages wieder aufgehoben wird und du erwachst?

Ich weiß, dass es in der Natur des Gewahrseins liegt, Dinge ins Lot zu bringen.

*[Sri Nisargadatta Maharaj]**

Wenn wir als Gewahr-Sein die *Anwesenheit* des Bewusst-Seins beobachten, dann gilt das natürlich ebenso für die *Abwesenheit* des Bewusst-Seins. Und das heißt: Nur weil wir uns „gewahr" sind, wissen wir, dass wir auch im Tiefschlaf existieren. Doch während der Inhalt des Bewusst-Seins an Raum und Zeit gebunden ist und daran, worauf sich unsere Aufmerksamkeit richtet, ist der Zustand des Gewahr-Seins zeit- und raumlos, unbeeinflussbar von allem, was wir wahrnehmen oder denken oder fühlen. Es ist ein Zustand, den wir als Unberührtheit, Unveränderlichkeit, als immer währende Stetigkeit empfinden. Aus ihr erwächst die Gewissheit – auch wenn wir es verstandesmäßig nicht begründen können – dass wir als das, was wir wirklich sind, nie geboren wurden und nie sterben werden. Während das Bewusst-Sein und mit ihm das wahrgenommene Universum mit der Geburt des Körpers kam und mit seinem Tod wieder in die Leere eintauchen wird.

Können wir uns damit also als „Gewahr-Sein" definieren? Ja und Nein. „Ja" im Sinne dessen, dass wir tatsächlich Gewahr-Sein *sind*. „Nein" jedoch, weil es da, wo es Gewahr-Sein gibt, auch „Nicht-Gewahr-Sein" geben muss.

* Ich bin

Erinnern wir uns noch einmal der Leere, die wir bei der Frage *Sri Nisargadatta Maharaj's*, was wir acht Tage vor unserer Empfängnis waren, gespürt haben. In dieser Leere – hatten wir gesagt – offenbart sich unser wahres Sein. Es ist sich als Sein *gewahr*.

Was aber, wenn sich das Sein nicht gewahr ist? Hier genau müssen wir mit unseren Überlegungen aussteigen, denn hier genau wird das „Sein" zum „Nicht-Sein". Und das ist das, was wir in allerletzter Konsequenz tatsächlich „sind" oder – um die Verwirrung komplett zu machen – „nicht sind". Keine Definition dieser Welt kann einen solchen Zustand erreichen. Alles Begriffliche endet mit dem Konzept des „Ich bin", des reinen Bewusst-Seins also. Denn alles Definierbare hat einen Anfang und ein Ende. Wir aber spüren, wenn alles Denken schweigt und kein Gedanke sich bewegt, dass wir immer schon da waren und immer da sein werden, nie begonnen haben und nie enden. Dass wir alles sind und gleichzeitig nichts.

„Ich bin jenseits des Bewusstseins und kann somit innerhalb des Bewusstseins nicht sagen, was ich bin. Es gibt keine Antwort auf die Frage: ' Wer bin ich?'"

*[Sri Nisargadatta Maharaj]**

Und damit wären wir wieder bei der Leere. *Ramana Maharshi* hat sie mit einer weißen Kinoleinwand verglichen, auf der sich, während der Film läuft, alles abspielt. Die Leinwand bleibt dabei aber immer weiß und von *allem*, was sich auf ihr abspielt, unberührt – Leere, Nichts. Eine wunderbare Metapher, die mehr aussagt als jeder Begriff!

* Ich bin

Denn nur in Metaphern können wir spiegeln, was wir wirklich sind.

Diese unbeschreibbare Leere ist tatsächlich so ungewöhnlich, so subtil und uns doch so vertraut, dass ich fast zwei Jahre lang nicht einmal Worte oder Gedanken dafür hatte. Erst nachdem mich mehr und mehr Suchende darauf ansprachen, wurde mir klar, dass ich mich mit dem Ereignis, das allgemein als Erwachen bezeichnet wird, als diese Leere wiedererkannt hatte. Ich selbst wäre nie auf die Idee gekommen, diesen Zustand als Leere zu interpretieren, weil es mir viel zu selbstverständlich erschien, genau „das" zu sein. Und bis heute weiß ich: Jeder Versuch, diesen Zustand zu beschreiben, würde in die Irre führen. Mein Verstand konnte die Begegnung mit der Unendlichkeit lediglich als ein inneres Bild interpretieren. In diesem Bild schien es, als würde das Universum innerhalb eines Augenblicks in ein winziges Loch am Ende des Horizonts hineingezogen werden und dort verschwinden, und als hätte sich aus dem Nichts ein unendlicher Friede ausgebreitet. Dieses subtile Empfinden ist seitdem geblieben. Es ist einfach nicht „von dieser Welt".

„Alles fürchtet sich vor dem Nichts,
denn wenn „etwas" das Nichts
berührt, wird es selbst zum Nichts.
Es ist wie eine Grube ohne Boden.
Alles, was hineinfällt, verschwindet."

*[Sri Nisargadatta Maharaj]**

* Ich bin dieses Eine

„Wirkliches Gewahrsein ist ein Zustand reinen Beobachtens, ohne den geringsten Versuch, irgendetwas mit dem Beobachteten anzustellen. Ihre Gedanken und Gefühle, Worte und Taten mögen auch ein Teil des Geschehens sein, doch Sie beobachten sie im Licht und in der Klarheit des Verstehens, ohne daran teilzunehmen. Sie verstehen ganz genau, was passiert, denn Sie sind davon unbeeinflusst. Es wirkt wie ein Zustand gefühlloser Entrücktheit, doch das ist nicht wirklich so. Sind Sie einmal in diesem Zustand, werden Sie herausfinden, dass Sie lieben, was Sie sehen, egal, was es ist. Diese allumfassende Liebe ist der Prüfstein des Gewahrseins. Ist sie nicht da, dann verfolgen Sie nur irgendein persönliches Interesse."

*[Sri Nisargadatta Maharaj]**

* Ich bin

Das grundlegende Motiv

Bleiben wir bei diesem „Nichts", dieser „Leere", diesem nicht beschreibbaren und dennoch deutlich erkennbaren Zustand, der uns das offenbart, was wir in Wahrheit sind. Das Gefühl dafür mag am Anfang nur sporadisch auftreten, aber wenn du es einmal wahrgenommen hast, wird es immer wieder auftauchen und sich dabei von Mal zu Mal verstärken. Der Verstand wird dabei immer mehr zur Ruhe kommen, die ständigen „Denkgeräusche" werden abklingen und dabei weniger und weniger Vorstellungen erzeugen, wie das Leben auszusehen hat. Immer deutlicher wirst du dich in einem inneren Frieden wiederfinden, der kaum noch von den äußeren Umständen abhängig ist und sich in einem stabilen und glückseligen Gefühl ausdrückt. Auch wenn du es in den täglichen Abläufen kaum mehr spürst, reicht schon ein kurzer Moment der Aufmerksamkeit, um sich diesem „Nichts", dieser „Leere" zu erinnern. Dabei betone ich noch einmal: „Nichts" oder „Leere" sind ebenso unpräzise Beschreibungen, wie alle anderen Worte auch. Sie betonen lediglich, dass dieser immerwährende Zustand jenseits des Verstandes liegt, so dass er – der Verstand also – nicht mehr in der Lage ist, den Raum, der kein Raum mehr ist und die Zeit, die keine Zeit mehr ist, mit seinem Denken „anzufüllen".

Früher oder später wird sich die Frage stellen: „Was ist das grundlegende Motiv dafür, dass wir überhaupt *sind*?" Die Antwort wird unmittelbar folgen, wenn auch wortlos. Wir werden uns dann nämlich einer Kraft gewahr, die wir am ehesten als reine, ungeteilte Liebe bezeichnen können. Sie geht von uns selbst, dieser unendlichen Quelle, aus und durchdringt wie ein feiner Nebelhauch das gesamte Universum. Wir empfinden es wie ein Strömen, das dem Anschein nach alle Macht der Welt inne hat und jedes Atom belebt. Es ist die grundlegende Motivation für das Leben und die Existenz dieser Welt. Es ist das universelle „Licht", das alles erschafft und wieder auflöst. Es ist das, was wir sind.

Wenn wir aus diesem universellen Seinsgefühl heraus Probleme wahrnehmen, verschwinden sie meist in kürzester Zeit oder verändern sich entsprechend den momentanen Notwendigkeiten, ohne dass wir uns irgendeiner Handlung bewusst geworden wären. Denn wie von Geisterhand wenden sich so manche schwierige oder ungewollte Abläufe im Leben zum Guten – und das einfach nur, indem dieses universelle „Strömen von Liebe" wahrnimmt, was „ist".

„Gibt es im gesamten Universum
eine einzige Sache von Wert?"
„Ja, die Macht der Liebe."

„Sie sind die Liebe selbst –
wenn Sie keine Angst haben."

*[Sri Nisargadatta Maharaj]**

* Ich bin

ANHANG

„Die Suche nach der Wirklichkeit ist das gefährlichste Unterfangen überhaupt, da sie die Welt zerstört, in der Sie leben.“

*[Sri Nisargadatta Maharaj]**

* Ich bin dieses Eine

Leben nach dem Erwachen

Erwachen ist kein Gesellschaftsereignis, kein Mannschaftssport oder Freizeitvergnügen, sondern ein sehr einsamer Prozess, den jeder nur alleine durchschreiten kann.

Als ich vor Jahren meine Egolosigkeit erkannte, war ich lediglich verwundert über die nun seltsame Betrachtungsweise des Lebens. Ansonsten passierte nichts. Außer, dass sich zu Beginn manchmal ein leichtes Erschrecken einstellte, wenn mich jemand mit „Du" oder mit meinem Namen ansprach: „Kannst du …?" „Würdest du …?" Für den Bruchteil einer Sekunde suchte ich die Person, die gemeint sein könnte. Aber ich gewöhnte mich schnell daran, dass nicht mein Ich, sondern dieser Körper angesprochen worden war.

Monate später erkannte ich die Egolosigkeit der Welt – und nun kam nicht einmal mehr ein Wundern auf: „Klar doch, kein Ego hier, kein Ego dort – aber das war doch schon immer so!"

Was sollte sich auch mehr einstellen, da dieses Ego in Wahrheit nur die illusorische Verknüpfung des Bewusst-Seins mit dem Körper ist – eine Fata Morgana also! Auch wenn sie als Fata Morgana erkannt wird, gibt es nur ein „Aha!" – und das war's auch schon.

Mein Guru *Sri Nisargadatta Maharaj* erreichte die Selbstverwirklichung dadurch, dass er seinem Guru zu hundert Prozent vertraute. Und ich wusste, dass für mich das Gleiche galt. Ebenfalls war mir schon lange klar geworden, dass dieses Universum untrennbares Bewusst-Sein ist, und dass sich die einzelnen Menschen deswegen nur scheinbar unterscheiden – nur in der äußeren Erscheinung sind wir getrennt. Deswegen war ich mir sicher, dass die Worte, die *Sri Nisargadatta Maharaj* von seinem Guru empfangen hatte, auch für mich galten: *„Nur du alleine bist"*. An diesem Satz rätselte ich lange herum, denn auch wenn es nirgendwo mehr die Spur eines Egos gab, waren *ich* und die Menschen um mich herum ja nicht wirklich verschwunden! Irgendetwas nahm diese Welt weiterhin wahr! Der Widerspruch schien mich zu erschlagen, doch ich glaubte meinem Meister, und ich wollte eine Antwort finden. Sie kam eines Tages in Form der alles durchdringenden Leere.

Und damit hatte ich *mich* gefunden. Seitdem hat – und das ist für mich ein eindeutiges Zeichen des Erwachens – jegliche Suche nach „mir selbst" aufgehört. Restlos. Da ist nichts mehr, was es zu suchen gäbe. Das war es. Ende.

Was bleibt, ist eine völlig neue Art des „Entdeckens". Ein Entdecken „meiner selbst". Ein Tasten in einer überwältigenden Wirklichkeit. Ein ständiges Wundern und Staunen. Jeden Tag mehr.

„Mit Selbsterkenntnis meine ich das vollständige Wissen darüber, was Sie nicht sind. Solches Wissen ist erreichbar und es ist endgültig, aber die Entdeckung dessen, was Sie sind, ist grenzenlos. Je mehr Sie entdecken, desto mehr bleibt noch zu entdecken."

*[Sri Nisargadatta Maharaj]**

* Ich bin

Kein Stillstand also! Ich bin ein kommunikativer Mensch geblieben, und es drängt mich, meine Erfahrungen mitzuteilen. Was mir dabei jedoch immer wieder Kopfzerbrechen bereitet, ist die Frage: Wie kann ich über den Zustand des Erwachtseins schreiben, ohne das „Ich" zu benutzen, das es nicht mehr gibt, das es nie gegeben hat? Vermutlich weist keine Sprache der Welt eine Regelung auf, die die Erfahrung dieses Zustandes berücksichtigt. Soll ich also vom „Nicht-Ich" sprechen, wenn ich „mich" meine? Oder von „meinem wahren Wesen"? Auch das wäre nicht korrekt, denn das „wahre Wesen" ist nicht „meines"! So wie es nicht „deines" ist! Denn eine Trennung von „mein" und „dein", von „unser" und „euer", von „ich" und „du" gibt es nicht. Sie hat es nie gegeben! Sollte ich also vor der Sprache, der Ausdrucksweise des Verstandes, kapitulieren und damit jeglicher Kommunikation entsagen? Natürlich nicht! Da nutze ich diesen Verstand schon lieber – mit all seinen Begrenzungen und begrifflichen Verfälschungen –, um „mich" mitzuteilen. Ich werde also weiterhin von „mir" sprechen und „Ich" sagen, auch wenn es in Wahrheit kein „Ich" und kein „Mir" geben kann.

Wie also sieht mein „Leben nach dem Erwachen" aus?

Was ich in diesem Buch als „strebendes Denken" bezeichnet habe, verschwindet immer mehr, und es wird von Tag zu Tag beeindruckender, zuzusehen wie alle Aktionen von selbst ablaufen. Ein Denken erfolgt seitdem bestenfalls im Nachhinein – wenn überhaupt.

Immer klarer erkenne ich das Wesen der reinen Spontaneität. Alles was spontan passiert – also ohne Denken – ist richtig, auch wenn es im ersten Moment oft anders aussehen mag.

Das nachhaltige Streben nach diesem oder jenem ist völlig verschwunden, auch wenn die Erinnerungen weiterhin Gefühle und Gedanken der Zuneigung oder Abneigung erzeugen und den Körper entsprechend agieren lassen. Deswegen mag es von Außen vielleicht manchmal so aussehen, als ob ich „meinen" Wünschen weiterhin erlegen wäre, doch dem ist nicht so. Sie haben keine tiefgreifende Bedeutung mehr. Sie sind da, werden als das erkannt, was sie sind – Gedanken, die sich selbständig verwirklichen oder auch nicht –, und es ist niemand da, der das beeinflussen wollte. Dabei entsteht ein großartiges Gefühl der Freiheit, da ich keinerlei Bindung mehr fühle, nicht einmal mehr an das Leben oder den Tod. Kein Gedanke daran könnte sich lange halten.

Gefühle wie Verstimmungen und Ärger tauchen genauso spontan auf wie früher, aber sie und ihre körperlichen Reaktionen haben weitgehend ihre Macht verloren. Denn sobald ich mich an mich selbst erinnere, werden sie lediglich beobachtet. Dieses „Erinnern", dass es keinen gibt, der verstimmt sein kann oder sich ärgert, geschieht für gewöhnlich im Handumdrehen.

Die ständigen „Denkgeräusche" sind verschwunden, bzw. nur noch sporadisch in kleinen Dosierungen vorhanden. Und so ist eine innere Ruhe eingetreten, egal wie viele Gedanken gerade herumschwirren und wie turbulent das Leben den Körper gerade bewegt.

Schmerzen kommen und gehen wie eh und je und können die gleichen Auswirkungen wie früher haben, aber sobald ich die Aufmerksamkeit auf andere Dinge lenke, was meist möglich ist, sind Schmerzen eben „irgendwo da im Körper!" Sie sind letztlich auch nur Gedanken! Bitte erinnere dich: Wir spüren deshalb im Schlaf keinen Schmerz, weil wir dann keine Gedanken haben.

Bei Menschen, die sich mir anvertrauen, aber oft auch bei

alltäglichen Begegnungen erlebe ich ein seltsames „Wahrnehmen an sich". In dem Moment, in dem ich meine Aufmerksamkeit auf die jeweilige Person richte, verschwindet sie, unabhängig von der räumlichen Distanz, ebenso wie ich. Selbst wenn ich bei einer unmittelbaren Begegnung die physischen Erscheinungen weiterhin wahrnehme, tritt die direkte und unmittelbare Wahrnehmung eines Problems oder einer Situation in den Vordergrund – auf eine nicht erklärbare, sehr subtile und gedankenfreie Form. Dann scheint es mir, als würde das Problem oder die Situation nur darauf warten, vom „Nichts" berührt zu werden, damit es verschwinden oder sich verändern kann.

Immer öfter erlebe ich, dass sich Personen, denen ich begegne, in mir spiegeln – manchmal durchaus auch im negativen Sinne. Ich habe es beispielsweise erlebt, dass Menschen mit „hinterlistigen" Gedanken plötzlich erschraken, als sie mir in die Augen sahen. Sie haben sich auf der weißen Leinwand selbst gesehen! Ich muss zugeben, dass ich selbst ziemlich erschrocken war, als es mir das erste Mal passierte!

„Ich bin ein Spiegel, und wer in mich schaut -
Was immer Gutes oder Schlechtes er auch spricht,
Er redet von sich selbst."

*[Omar Khayyams]**

Umgekehrt erkenne ich zunehmend, dass mein Körper selbst auch nur ein Spiegel ist, weil es kein Ego mehr gibt, das ihn zum Ausdruck seiner Individualität nutzen würde. Ich kann beobachten, dass er oft wie fremdgesteuert auf sein Gegenüber reagiert. Gelegentlich geschehen

* Die Karawane der Träume

dadurch Dinge mit ihm, die ich früher nie beobachtet hatte.

„Man sagt, ich sei dem Wein zugetan – ich bin es.
Man sagt, ich sei ein Eingeweihter – ich bin es.
Schaut nicht so sehr auf mein Äußeres.
Denn in meinem Inneren bin ich, was ich bin."
[Omar Khayyams] [1]

So gut wie alle Weisen haben es gesagt, und trotzdem oder gerade deswegen betone ich es an dieser Stelle noch einmal, denn es ist eine wunderbare Erkenntnis: „Erleuchtung" oder „Erwachen" fügt dir nichts hinzu, was du nicht bereits hast. Was ich auch über das „Leben nach dem Erwachen" schreibe, ist jedem Menschen von Natur aus gegeben. Lediglich unser ununterbrochen strebendes Denken vernebelt das Erkennen dessen. Deshalb halte ich mich nach wir vor für einen total normalen Menschen – zumindest so normal oder unnormal wie früher auch, mit all meinen alten Fehlern! Und diese „Fehler" kann ich jetzt sogar genießen, weil ich mich nicht mehr mit ihnen verbunden fühle! Nichts ist also an mir, was du nicht auch hast! Hör einfach mit dem strebenden Denken auf, und du wirst es erleben!

„Hochmütig, wer von sich sagt, er sei fähig,
etwas zu erfassen oder etwas zu erlangen …
Darum sagte Buddha: 'Ich habe in Wahrheit nichts
von der Erleuchtung empfangen.'"
[Huang-Po] [2]

[1] Die Karawane der Träume
[2] Die Zen-Lehre des chinesischen Meisters Huang-Po

„Und eines Tages wird es ein großes
Erwachen geben; dann wissen wir, dass
dieses ganze Dasein nur ein großer Traum ist.
Doch die Hohlköpfe meinen, sie seien
wach … wie beschränkt!
Und ich, der sagt, dass ihr träumt,
träume ebenfalls."

*[Chuang-Tzu]**

* Reden und Gleichnisse

Ich bin das Absolute!
Ich bin die Liebe, ich bin das Barmherzige,
denn ich bin alles!
Und ich sehe:

Lange bist du herumgeirrt.
Von Anfang an habe ich dich begleitet
und dir meine Hilfe angeboten,
damit du dein Leben glücklich leben
und die Wahrheit und die Schönheit
meiner Welt erkennen kannst.

Ich habe dir meine Welt gezeigt,
aber du bist mir jedes Mal ausgewichen.
Du wolltest eigene Wege gehen.

Und so bin ich dir immer wieder in
Verkleidungen begegnet –
mal als dies, mal als jener,
dann als … und, und, und …

Aber du hast nicht hingesehen.
Du wolltest dir deinen Guru*
selbst aussuchen!

Ich aber bin barmherzig und unendlich geduldig.
Ich werde warten, bis du mich gefunden hast!

Und ich werde weiterhin vor dir erscheinen,
bis du mich endlich erkennen kannst.

Vielleicht komme ich demnächst in Verkleidung
eines Tippelbruders, als Nachbar oder, oder, oder …

Denn ich bin in Wahrheit immer bei dir.
Nie werde ich dich verlassen können.
Denn ich bin die Liebe selbst!
Ich bin alles!

In Wahrheit bin ich – *du selbst*!

* *das, was die spirituelle Dunkelheit vertreibt*

Sieh diesen Diamanten.
Er glitzert und funkelt und
reflektiert dabei seine Umgebung.
Aber er erkennt sich selbst nicht – als Diamant.

Irgendwann wird er sich umdrehen
und versuchen, den sagenhaften Diamanten zu finden,
von dem er schon so viel gehört hat.

Denn ihm wurde gesagt, sein höchstes Selbst
hätte das Aussehen eines Diamanten.
Und so sucht er überall, kann aber
nirgendwo einen Diamanten finden.

Er wird sein höchstes Selbst, sein wahres
Wesen, nie finden, denn alles, was er jemals
wahrnehmen kann, ist die Reflexion, die er spiegelt.

Sich selbst aber kann er niemals wahrnehmen.
Sich selbst – als Diamant!
Und so wird seine Suche kein Ende nehmen.

Was suchst du also?
Dein wahres Selbst – diesen Diamanten?
Du wirst ihn nie finden.
Denn du kannst alles wahrnehmen und
erkennen, nie aber dich selbst.

Erkenne, dass alles, was du wahrnehmen
kannst, du nicht sein kannst.
Und das schließt alle Gedanken und Gefühle mit ein.

Es sind nur die Reflexionen deiner selbst,
die du wahrnehmen und erkennen kannst.

Denn du bist das, was übrig bleibt:
Nichts!

Das letzte Geheimnis des Erwachens ist, dass du der Einzige bist, der einzige Träumer dieses Lebenstraums und somit der Einzige, der erwachen kann. Und so wurde dieses Buch nur für dich alleine geschrieben! Wenn du diese Aussage in ihrer ganzen nicht-rationalen Tiefe erfasst, wirst du augenblicklich frei sein.

„Es gibt keine Erleuchtung.
Die Erkenntnis dieser Tatsache ist bereits die Erleuchtung."
*[Sri Nisargadatta Maharaj]**

* Ich bin dieses Eine

„Die letzte Antwort ist: Nichts ist."

*[Sri Nisargadatta Maharaj]**

* Ich bin dieses Eine

Eines Nachts erwachte ich urplötzlich. Hellwach zog es mich wie von unsichtbarer Hand geführt direkt an meinen Computer. Fast wie in Trance tippte ich einige Zeilen in die Maschine … und musste lauthals lachen, nachdem ich die eben geschriebenen Zeilen gelesen hatte!

<u>*Welch ein Witz!*</u>

„Da sitz ich nun und
schreibe eine Erzählung,
gerichtet an mich, der ich
all meine Leser bin,
und erzähle … über mich!"

Hermann R. Lehner mit seinem Bobtail „James".
„Einen Butler konnte ich mir nicht leisten!"

Was immer du über mich denkst, so werde ich sein! Denn diese Gedanken können nur deine Gedanken sein!

Und wie immer du mich sehen willst, du schaust letztendlich in dich selbst. Denn, irgendwie … bin ich doch nur du!

Die Welt ist das Spiegelbild deiner Selbst. So kann auch ich nur Teil deines Spiegelbildes sein!

Nichts weiter!

Homepage des Autors:
www.drvolldaneben.de

Die verwendeten Zitate stammen aus folgenden Werken:

Sri Nisargadatta Maharaj
Ich bin (Teil I, II & III)
Context/Kamphausen, Bielefeld, 1997/1998/2003

Ramesh S. Balsekar
Pointers
Wegweisende Gespräche mit Sri Nisargadatta Maharaj
Kamphausen, Bielefeld, 1999

Stephen Wolinsky
Ich bin dieses Eine
Begegnungen mit Sri Nisargadatta Maharaj
VAK-Verlag, Kirchzarten b. Freiburg, 2002

Paul Deussen, Dr.
Sechzig Upanishad's des Veda
F.A. Brockhaus, Leipzig, 1905

Chuang-Tzu
Reden und Gleichnisse
Manessc, Zürich, 1951

Shankara [Çañkara]
Das Kleinod der Unterscheidung
O.W. Barth, München, 1957

Huang-Po
Die Zen-Lehre des chinesischen Meisters Huang-Po
O.W. Barth, Weilheim, 1960

Idries Shah
Die Karawane der Träume
Sphinx, Basel, 1982

Ramana Maharshi
Gespräche des Weisen vom Berge Arunachala
Ansata, Interlaken, 1984

Tripura Rahasya
Die geheime Botschaft der Göttin Tripura
Ansata, Interlaken, 1986

Johannes vom Kreuz
Die Dunkle Nacht
Herder, Freiburg, 1995

Dschalaluddin Rumi
Traumbild des Herzens
Manesse, Zürich, 1996

Da mit einer Reihe von Gesetzen in verschiedenen Ländern bereits die Veröffentlichung eines Versprechens zur Verbesserung der körperlichen oder geistigen Gesundheit zu einem verbrecherischen Verstoß erklärt wurde, betone ich hiermit ausdrücklich, mit dem Inhalt dieses Buch kein solches Versprechen abgeben oder derartige Anregungen geben zu wollen. Ebenso wenig ist der Inhalt dieses Buches zur Diagnose, zur Behandlung oder zur Vorbeugung von Krankheiten, egal welcher Art, geeignet.

Ich beschreibe in diesem Buch ausschließlich das, was ich aus meinen Erfahrungen und Selbstbeobachtungen zum Thema „Erwachen“ abgeleitet habe. Die hier gegebenen Vorschläge zur Selbst-Erforschung, die Ausdrücke „Ego“, „persönliches Ich“, „Bewusstsein“ usw., beziehen sich des Weiteren in keiner Stelle des Buches auf ein „Selbst“ oder „Ego“, wie es gelegentlich in der Psychologie oder auch in der Medizin verwendet wird, sondern im Sinne unseres höchsten „Selbst“, so wie es zahlreiche Weisen der traditionellen Religionen und Glaubensrichtungen über die letzten Jahrtausende im religiösen oder philosophischen Sinn verwendet haben.

Zudem fordere ich jeden Leser auf, seine eigenen Erfahrungen und Beobachtungen zu machen und seine eigenen Schlüsse zu ziehen.

Hermann R. Lehner

Nur wer schlecht träumt, will erwachen ...
Eine Erzählung über das Erwachen

incl. der Originalübersetzung der
Mandukya-Upanishad und der Mandukya-Karika.

Sie träumen, doch Sie wissen es nicht! Wenn Sie erwachen, erfahren Sie, wer Sie wirklich sind! Und Sie sind garantiert nicht das, für das Sie sich gerade halten. Ganz sicher nicht!

Es gibt keine zwei identischen Wege hinein in das Mysterium des Unbekannten. Und dennoch, am Ende treffen wir uns alle dort, wo das allumfassende Nichts beginnt und das alte Weltbild endet.

Hermann R. Lehner suchte über 20 Jahre nach diesem geheimnisvollen ES, wurde von sogenannten „Wissenden" immer wieder auf die falsche Fährte geführt, bis er sich letztendlich entschied, keiner These mehr zu vertrauen.

„Erwachen" geschieht plötzlich, dann nämlich, wenn die Suche aufhört! Aber wer kann schon aufhören zu suchen, wenn er noch nicht gefunden hat, was er sucht!

Man dreht sich im Kreis, bis ... Aber lesen Sie selbst.

„Wie wir uns alle irren, mit unseren Meinungen und Vorstellungen!" W.S.

200 Seiten, Paperback
ISBN 3-929046-61-x
EUR 15,80
über jede Buchhandlung oder über den Verlag lieferbar

Hermann R. Lehner

Flieg' – du bist schon frei!

Aphorismen des Lebens

Du warst wie ein Vogel im Käfig.
Du wolltest frei sein.
Dein Käfig aber war von dir selbst erschaffen.
Ich sagte dir „flieg, du bist schon frei!"

Du konntest es nicht glauben.
Aber du vertrautest mir, so gut du nur konntest.
Und nach einigen Mühen bist du geflogen.
Doch du kehrtest immer wieder um.
Du hattest Angst vor der Freiheit.

Nun endlich bist du weiter geflogen.
Und du erkanntest, dass dieser Käfig
nur aus Einbildung bestand.
Einer Einbildung genannt „Ego".

Flieg', kleiner Vogel, flieg' weit!
Denn nun bist du frei.
Unendlich frei!

ISBN 3-929046-78-4
in Vorbereitung

Dr. Voll D. Aneben
alias Hermann R. Lehner

Mein Guru ist besser als dein Guru
Die universellen Gesetze der Erleuchtung

„Wenn du in Indien angekommen bist, um nun endlich deinen 'Guru' kennenzulernen, ist der gerade auf Vortragsreise in Europa …"

Das ultimative Scherzbuch für entnervte Esoteriker und solche, die es werden wollen!
60 Seiten voll mit Allem, was auf der Suche nach dem Höchsten schief gehen kann!

Von *Dr. Voll D. Aneben* - der Spezialist für's spirituelle Chaos.
Der absolute Geschenkband innerhalb und außerhalb der Esoterik – den muss einfach jeder haben!

60 Seiten
Paperback
ISBN 3-929046-74-1
EUR 6,90
über jede Buchhandlung oder über den Verlag lieferbar

Dr. Voll D. Aneben
alias Hermann R. Lehner

Was Konfuzius bestimmt nicht sagte!

Nichts als dumme Sprüche …
Aus dem Alltag –
für den Alltag –
in den Alltag!

Am Telefon:
„Ich verbinde sie jetzt!"
„Warum, mir tut doch nichts weh!"

Wissen Sie eigentlich immer, welcher bakterienverseuchte Hintern sich vor Ihnen auf eine Toilettenbrille gesetzt hat?
Nein?
Wie sollte dann jemals Pinkeln im Sitzen „hygienischer" sein können?

„San's froh, dass von oben herunter regnet, würd's nämlich von unten hoch regnen, hätten's jetzt ganz schöne Probleme mit Ihrem Regenschirm!"

ca. 92 Seiten
Paperback
ISBN 3-929046-77-6
EUR 8,50
über jede Buchhandlung oder über den Verlag lieferbar

Hermann R. Lehner

Als Pablo träumte, er wäre Ali

Roman

Eines Tages träumt Pablo, er wäre *Ali*, ein Kameltreiber in der Wüste. Nichts wäre an diesem Traum besonders gewesen – letztendlich ein Traum wie jeder andere. Doch dann setzen sich die Träume als *Ali* fort. Er diskutiert mit seinem Traumfreund *Murat* über das Träumen und das „Leben" und erlebt Freud und Leid.

Pablos Träume zeigen ihm merkwürdige Parallelen zur Wirklichkeit und so fragt er sich schließlich, ob denn das Leben nicht auch bloß ein Traum sei. Die scheinbar zufällige Begegnung mit einem Weisen und die darauf folgenden Gespräche verhelfen Pablo zu einem tieferen Verständnis. Er fängt an, seine Erlebnisse im Leben und in seinen Träumen im Zusammenhang zu begreifen, bis er schließlich sein wahres Wesen erkennt.

Bissigster Humor pur, absolut spannend, unmoralisch und tabulos, dabei vollkommen antivolksreligiös und doch so tiefgreifend – bis zum letzten Satz! E. F.

in Vorbereitung

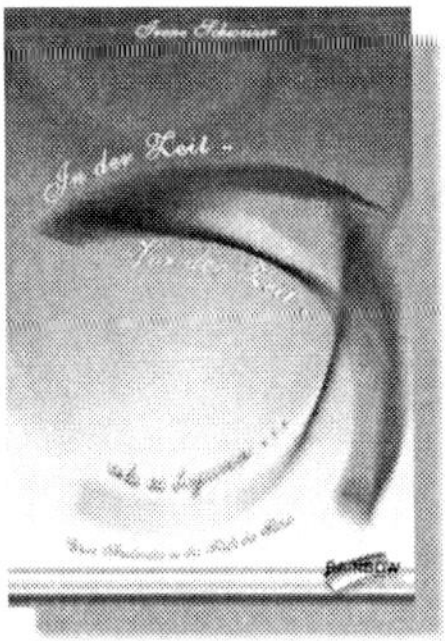

In der Zeit – Vor der Zeit – als es begann ...

Eine Farbreise in die Tiefe des Seins
Irene Schweizer

Nehme Deine Gedanken auf den Flügeln Deiner Gefühle mit und erforsche das, was „Du bist".

Die Autorin nimmt uns in ihrem Buch mit auf eine innere Farbreise, die uns ermuntert, einmal inne zu halten, nachzuspüren, den inneren Raum zu erkunden, der viel weit er und größer ist, als wir allein aus dem Denken heraus für möglich halten.

72 Seiten, Paperback, ISBN 3-929046-66-0, € 8,50

Ich hatte einen Traum

Eine Reise nach Innen
Susanne Steng

Warum vergessen wir unsere Träume?
Warum hören wir nicht auf unser Herz und jagen stattdessen Macht und Geld hinterher?
Warum machen wir unser Glück von äußeren Umständen abhängig, anstatt es an der Quelle, unserem Inneren, zu suchen?

60 Seiten, Paperback, ISBN 3-929046-73-3, € 7,50

Diamantenseele

Die Geschichte einer Einweihung
Sabine Dilger

„Folge dem Ruf deines Herzens, in der Mitte liegt ein Juwel, den bringe mir", bestimmte das Orakel und eröffnet Nokojo damit das Labyrinth der menschlichen Seele. Nokojo macht sich auf die Suche nach Larijong. Einer alten Legende nach befindet sich dort einen Schatz, der kein gewöhnlicher Schatz ist. Wer ihn findet, wird in das Geheimnis des Lebens eingeweiht. Um jedoch dort hin zu kommen, muss Nokojo das Schattenreich der Menschen durchqueren, eine ungewöhnliche und gefährliche Reise beginnt ...

224 Seiten, Paperback, ISBN 3-929046-42-3, € 17,80

Herr, Dein Wille geschehe – meiner aber auch ...

Ein autobiographischer Erfahrungsbericht über ein spirituelles Erwachen
Dagmar Haid

Dagmar Haid schildert in diesem Buch unter anderem ihre spirituelle Erlebnisreise in den Himalaja. In ihren Begegnungen mit anderen Menschen einer scheinbar fremden Kultur begegnet die Autorin nicht nur sich selbst - sie findet wieder zurück zu ihrem uralten Freund, den sie liebevoll „Kumpel Gott" nennt. Angeregt durch dieses Schlüsselerlebnis spürte sie fortan eine große Sehnsucht nach Wahrheit und Klarheit in ihrem Herzen. Durch weitere sonderbare Begegnungen in ihrem Leben gelang es ihr, einen Blick hinter den Horizont zu werfen. Überrascht stellte sie fest, dass es doch eine Gerechtigkeit auf dieser Welt gibt - nämlich dann, wenn wir Menschen erkennen, dass jeder selbst für sein Schicksal verantwortlich ist. Durch Selbst- und Gotterkenntnis können wir Glück und Frieden tief in uns selbst finden.

204 Seiten, Paperback, ISBN 3-929046-46-6, € 15,80

Tränentänze

Eine Reise in die Tiefe des Seins
Brigitte Klettenheimer

Diese Texte sind Teil der intensiven seelischen Transformationen der Autorin. Sie beschreiben das Erwachen in ihr Göttliches Selbst. Vollziehe mit ihr die Verwandlung von der Raupe in den kristallenen Schmetterling, dem es nun freisteht, nach Hause zu fliegen.

120 Seiten, Paperback, ISBN 3-929046-82-2, € 9,80

Liebe, Sex & Kommunikation

Phil Laut

Der Persönlichkeitstrainer Phil Laut zeigt Ihnen in diesem Buch viele emotionale Hintergründe für Probleme und Schwierigkeiten in Beziehungen auf. Ob es um Gefühle geht, Sex oder Geld, das viele Ehen und Partnerschaften in Krisen bringen kann - der Autor bietet Ihnen in seiner humorvollen und sehr ehrlichen Art einen Weg zur Veränderungen ihrer Schwierigkeiten an. Mit Hilfe der in diesem Buch vorgeschlagenen Lösungsansätze, sind auch Sie in kurzer Zeit in der Lage, ihr Liebesleben zufriedener und glücklicher zu gestalten .
Ein ungewöhnlicher Weg der Selbsthilfe – ein ganz ungewöhnliches Buch für die Entwicklung der Selbstliebe!

344 Seiten, Paperback, ISBN 3-929046-57-1, € 23,50

Es war einmal ein Narr ...

Märchen und Geschichten zum Rider-Tarot
Gudrun Anders

Die Bilder des Tarot sind nicht immer für jedermann leicht verständlich. Die Symbolik von Märchen und Geschichten jedoch versteht jeder. So entführen Sie die Märchen und Geschichten zu den 78 Karten des Rider-Tarots in die Welt der Phantasie, um Ihnen auf diese Weise die Karten näher zu bringen. Lassen Sie sich in die Welt der Phantasie, wo alles möglich ist und für jedes Problem eine Lösung gefunden werden kann, entführen.

296 Seiten, Paperback, ISBN 3-929046-39-3, € 18,90

Die befreite Seele

Ein spirituelles Wesen erklärt mittels Channeling den Sinn der Inkarnation
Melissa & André Bónya

„Ich weiß nicht zu sagen, was ich mir im Laufe meines irdischen Daseins alles an gedanklichen Vorstellungen 'zusammengetragen' habe, um dem Wort 'Paradies' eine gewisse Vorstellungskraft zu verleihen. Noch weniger weiß ich, was all die anderen Menschen, wenn sie denn an ein weiteres Leben nach dem Tode glauben, gedacht haben und noch denken, wenn es um das jenseitige Leben geht, also um die andere Dimension des Seins, aber ich glaube, dass den meisten die Vorstellungskraft fehlen dürfte, was ich im Jenseits zu sehen bekam ...". In diesem Buch gelingt es den Autoren, im Zusammenwirken mit einem jenseitigen Wesen, dem Menschen einen eindrucksvollen Blick in die andere Ebene des Seins zu eröffnen.

85 Seiten, Paperback, ISBN 3-929046-85-7, € 9,80

spirit Rainbow Verlag • Gudrun Anders
Forsterstraße 75 • 52080 Aachen
Tel/Fax 0241 - 70 14 721
Email: rainbowverlag@aol.com
www.spirit-rainbow-verlag.com